教科書ガイド

帝国書院版

社会科
中学生の公民
—— 完全準拠 ——

公民

編集発行 **文理**

この本の使い方

はじめに

　この教科書ガイドは，あなたの教科書に合わせて教科書の重要な用語やポイントをわかりやすく解説しています。また，教科書のさまざまな問いかけの答えや，その解き方を載せています。重要語句やポイントを付属の赤シートを被せて消すことができるようになり，何度も繰り返して学習事項を確認できます。授業の予習・復習，定期試験の学習に役立てましょう。

この本の構成

①要点解説		教科書の重要語句と問題の答えをまとめた，この本の中心となるページです。
	教科書ナビ	●教科書で，特に重要な語句を含む文を抜き出しています。 ●教科書のページと行を載せています。
	徹底解説	●教科書ナビに載せた重要語句の意味や背景を丁寧に解説しました。 ●重要語句のいくつかは色文字になっているので，赤シートを活用して覚えていきましょう。 👤…重要人物につきます。　🔍…重要事項につきます。
	教科書の答えをズバリ！	●「確認しよう」「説明しよう」など，教科書の問いかけの答えを「ズバリ‼」載せました。
	技能をみがく	●教科書にのっている「技能をみがく」の解説と答えを載せています。 ●社会科の理解に必要な，資料の読み方や使い方を説明しています。
②特集 学習を振り返ろう		●教科書の特集や発展的なコラム，単元末の「学習を振り返ろう」の内容を丁寧に解説しました。 ●「確認しよう」「説明しよう」などの問いかけの答えも載せています。
③おさらい！ 一問一答ポイントチェック		●定期試験に備えた，一問一答の問題です。 ●赤シートを活用しながら，何度も使ってポイントを確認しましょう。

効果的な使い方

赤シートで
繰り返し！

①知識を確認する

教科書を読みながら，
「教科書ナビ」と「徹底解説」で
重要語句をおさえる！

②理解を深める

教科書の問いにチャレンジ！
「答えをズバリ！」で答えを確認
しよう！

③学習を定着させる

「一問一答ポイントチェック」
で，重要語句をおさらい！

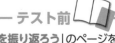

テスト前
「学習を振り返ろう」のページを，
教科書と合わせてチェック！

ページを確認し終えたら，右上の顔に ✓ を書いて笑顔にしましょう。

もくじ

第1部
現代社会

第2部
政治

もくじ

第3部
経済

第1章 市場経済

第2章 財政

第4部
国際

第1章 国際社会

第1節 紛争のない世界へ

第2節 貧困解消と環境保全

第2章 課題の研究

写真提供：アフロ，ロイター

40年前と今の社会を比較してみよう

やってみよう p.1 「はるの市」の「二度見駅」周辺のまち並みは40年間でどのように変化したか，次の①〜③の場面がイラスト内のア〜ウのどれにあたるか，（ ）に記号を入れる。

40年前のまち

現在のまち

① 少子高齢化（子どもの数が減少し高齢者の割合が増えていくこと）に関わる場面

（ ウ ）

② 情報化（情報を手に入れる手段が増えていくこと）に関わる場面

（ ア ）

③ グローバル化（外国との結び付きが深まっていくこと）に関わる場面

（ イ ）

① 情報化が進む現代

ポイント 近年は情報通信技術の進歩によって，高速かつ広範囲に大量の情報をやり取りできる情報社会となった。私たちの生活は情報化によって便利になったが，どのように情報や技術を使うかを考える必要がある。

教科書ナビ

● 3ページ 3行め
（…）今の私たちは，（…），**ソーシャルメディア**を利用した写真や動画のやり取りもできます。

● 3ページ 7行め
その背景には，（…）**情報通信技術（ICT）**の進歩によって（…）。

● 3ページ 13行め
このように，（…）**情報社会**とよびます。

● 3ページ 15行め
情報化が進んだことによって，私たちの生活はより便利になりました。

徹底解説

🔍【ソーシャルメディア】

ソーシャルメディアとは，インターネット上で情報をやり取りできる媒体のことで，SNS（Social Networking Service）が代表例である。近年では，政治活動においてもソーシャルメディアが活用され，アメリカでは大統領選挙の行方を左右するほどの強力な影響を見せた。また，その影響力の強さから，テレビや新聞といったメディアから，ソーシャルメディアでのPRやサービスに移行する企業も増えている。

🔍【情報通信技術（ICT）】

今までのIT（情報技術）に代わる表現で，Information and Communication Technologyの頭文字を取ってICTともよばれている。具体的には，情報処理を行うコンピュータや双方向性を持つネットワークなどである。近年では，遠隔地に映像を配信することで授業を行ったり，住民同士が双方向で情報を提供したりすることで防災に努めたり，ICTがさまざまな分野で活用されている。

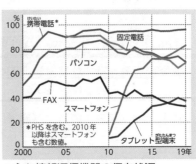
▲主な情報通信機器の保有状況
（総務省資料）

🔍【情報社会】

「高度情報通信ネットワーク社会」ともいう。情報通信技術の発達によって，今までの「モノ」が中心であった社会から，「情報」が重要な価値と役割を持つようになった社会のこと。

🔍【情報化】

情報が，テレビなどのマスメディアやコンピュータ，インターネットなどによって処理・活用される技術が発達することで，社会がさまざまな影響を受けること。インターネットが普及しはじめた1990年代後半から広く使われるようになった。

● 3ページ 17行め
例えば，（…）企業が保管している**個人情報**が（…）。

🔍【個人情報】

個人を特定することができる名前や住所，電話番号，家族関係などの情報のこと。近年では，ソーシャルメディアの書き込みによって個人が特定されたり，企業や自治体が保管している個人情報がインターネット上に流出したりするなどのトラブルが増加しており，個人情報の慎重な取り扱いが求められている。2005年には，個人情報を保護する目的で個人情報保護法が施行された。

● 4ページ 6行め
（…）そのような機能（を持つもの）を**人工知能（AI）**とよびます。

🔍【人工知能（AI）】

人工知能とは，人間が情報や知識などを基に，言語の理解や問題解決などの知的な行動を行うのに代わって，コンピュータに行わせる技術のことである。Artificial Intelligenceの頭文字を取ってAIともよばれている。近年では，電化製品や気象予報などに活用されるほか，渋滞予測などにも活用され，私たちの生活を便利にしている。

しかし，AIの発達によって人間の仕事が奪われ，雇用が減ってしまう可能性があるのではないかといわれている。

● 4ページ 16行め
情報通信技術が発達しても，（…）（**情報リテラシー**）を養うことが，（…）。

🔍【情報リテラシー】

情報をさまざまな角度から検討して，批判的に読み取る能力。現代では，情報をそのまま受け入れるのではなく，情報の正しさをよく考えて判断し，活用する力を養うことが重要である。

教科書の\答え/をズバリ！

資料活用 p.3　なぜ停電復旧の前に，スマートフォンを使いたい人が多いのか

例　家族や友人に自分たちの安否を連絡するため。

資料活用 p.3　保有が増加傾向にある機器と減少傾向にある機器を分類する

例　スマートフォンやタブレット型端末は増加傾向にあるが，固定電話やパソコン，FAXは減少傾向にある。

確認しよう p.4　情報化によって便利になった点と注意すべき点を，本文から書き出す

便利になった点：必要な情報の入手や，商品の購入や予約なども，インターネットを通じて簡単に行うことができる。

注意すべき点：ソーシャルメディアへの書き込みで個人が特定されてしまったり，企業が保管している個人情報がインターネット上に流出してしまったりする事態も起きています。また，情報システムの障害で社会が混乱することもある。

説明しよう p.4　情報社会において，私たちに求められていることについて説明する

例　情報化がすすむことによって，私たちの生活や社会に大きな変化がもたらされるため，その情報や技術の中身をしっかりと理解し，どのように使うのかを考えて選択することが求められている。

CHECK!

確認したら✓を書こう

② グローバル化が進む現代

ポイント 運輸や情報通信技術などの進歩によってグローバル化が進み，経済活動では国際分業が進み，国際競争にさらされるなどの影響が見られた。一方で，国際社会が協調して課題解決に取り組む機会も増えた。

教科書ナビ

○5ページ 7行め
世界の多くの地域や（…）グローバル化といいます。

○5ページ 12行め
経済活動では，（…）国際分業が活発です。

○6ページ 3行め
厳しい国際競争にさらされるなかで，（…）。

○6ページ 12行め
例えば，（…）国際協調を通じた問題の（…）。

○6ページ 18行め
互いの文化や（…）多文化共生の社会づくりも（…）。

徹底解説

🔍 〔グローバル化〕
国境を越えて地球規模で世界の一体化が進むこと。運輸の発達や情報通信技術の進歩により，国境を越えた規模で政治，経済はもちろん，人々の生活や文化などの分野でも交流が進んでいる。

🔍 〔国際分業〕
グローバル化が進むと，それぞれの国や地域が互いに得意なものを生産し，輸出する。また，国内での生産費が高い商品は輸入する。このような国際分業は商品貿易だけでなく，サービスや技術など，さまざまな形で行われている。

🔍 〔国際競争〕
グローバル化が進んだことで，世界中の企業が売り上げを伸ばすために，国際市場で競い合うようになった。多くの日本企業も国際競争に参加している。

🔍 〔国際協調〕
政治，経済などさまざまな分野の地球規模の問題を一国の利害だけではなく，国際的な観点で解決を図るために協力すること。

🔍 〔多文化共生〕
国籍や民族などが違う人々が，互いの文化や価値観を尊重して共に生きていける社会づくりをすること。

教科書の答えをズバリ！

資料活用 p.5 身の回りにある多言語による表記

例 病院の案内，駅の到着駅などの案内，観光案内図など。

資料活用 p.6 タイの洪水でなぜ日本の企業が影響を受けたのか

例 日本の企業が部品の生産や製品の組み立てなどをタイで行っていたため。

確認しよう p.6 グローバル化とはどのような動きか，本文から書き出す

世界の多くの地域や人々が結び付き，互いに影響し合い，歴史上かつてないほど依存を強めている動き。

説明しよう p.6 グローバル化の影響を踏まえて，国際協力が進んでいる要因を説明する

例 グローバル化による国際分業や国際競争によって，自国だけではなく他国の問題が経済活動に大きな影響を与えるため，国境を越えた課題解決が進んだ。

③ 少子高齢化が進む現代

ポイント 日本は少子高齢社会であり，他の先進国と比べて少子高齢化が急速に進んでいる。現代では核家族が多いため，介護などを家庭で支えることも難しく，バリアフリー化など社会全体で支援することが求められる。

教科書ナビ

● **7ページ 6行め**
このような社会を，**少子高齢社会**といいます。

● **7ページ 15行め**
核家族が多い現代では，（…）。

● **8ページ 9行め**
（…）建物や交通の**バリアフリー化**や，（…）。

● **8ページ 12行め**
若い世代の（…），**人口減少**や（…）。

徹底解説

🔍 **〔少子高齢社会〕**
総人口に占める15歳未満の割合が減少する少子化と，65歳以上の割合が増加する高齢化が同時に進行する社会。

🔍 **〔核家族〕**
夫婦のみ，または夫婦と未婚の子ども，または父（母）のみと未婚の子どもから成る家族のこと。

🔍 **〔バリアフリー化〕**
障がいのある人や高齢者が，社会生活に参加するために障壁となっているものをなくすこと。

🔍 **〔人口減少〕**
日本では，2020年1月の時点で，前年から50万5046人減少し，11年連続で人口が減少している。人口減少によって税収が減り，社会保障制度の維持が難しくなるなどの問題もある。

教科書の答えをズバリ！

資料活用 p.7 **1960年，2010年，2060年の人口構造の変化**

例　1960年の人口構造では65歳以上人口が最も少なかったが，2010年には0〜14歳人口が最も少なくなり，2060年では，65歳以上人口と15〜64歳人口がほぼ同じになっている。

資料活用 p.7 **平均寿命と合計特殊出生率の傾向を読み取る**

例　平均寿命は年々増加しているが，合計特殊出生率は1970年代以降2％を下回り続けている。

確認しよう p.8 **少子化と高齢化の原因をそれぞれ本文から書き出す**

少子化の原因：未婚率の上昇，晩婚化，育児の負担が重いことなどが挙げられる。
高齢化の原因：医療技術の進歩や食生活の充実などによって，平均寿命が延びていることなどが挙げられる。

説明しよう p.8 **少子高齢社会における問題解決に必要な対策を，影響を踏まえて説明する**

例　少子高齢社会では，労働力人口が減ることで高齢化による医療費増加などの負担が大きくなるため，定年年齢の引き上げや人工知能の活用，外国人労働者の受け入れ拡大などが必要である。

振り返ろう p.8 **情報化，グローバル化，少子高齢化が生活に及ぼす影響について説明する**

例　情報化やグローバル化が進むことで，私たちの生活は国際社会の影響が強まり，少子高齢化などに対しても，国際社会との連携や協力を図ることができるようになった。

❶ 生活に息づく文化

ポイント 私たちの生活や人生は，学問，芸術，宗教などの文化に影響され，豊かになっている。グローバル化による文化の画一化も見られるが，国際社会では異なる文化を尊重して共生することが目指されている。

教科書ナビ

● 9ページ 4行め
これら人間の生活に（…）**文化**といいます。

● 9ページ 13行め
従来は不可能だったことが**科学技術**の進歩によって可能になる場合もあります。

● 9ページ 15行め
人間の思いや感情を表現し，他者に伝える創作活動が**芸術**です。

● 10ページ 6行め
（…）神や仏などへの信仰を通じて，（…）**宗教**です。

徹底解説

【文化】
人間が，よりよい生活を求めてつくり出し，共有し，伝えてきたものすべてを文化という。それぞれの地域，民族，社会には固有の文化があり，その内容はさまざまである。例えば，科学・芸術・宗教，人間の行為や生活習慣，考え方，伝統行事や芸能，そして道具なども含まれる。文化は人間の生活の根底をなすものといえる。

【科学技術】
科学とは，観察や実験などを通して，普遍的真理や法則を発見しようとする活動。また，その活動による体系的倫理的知識のこと。そして科学を応用したものが科学技術である。科学技術を使うことで，人間社会は発展してきた。

【芸術】
人の思いや感情を表現し，美的な価値を持つものを生み出す創作的な活動とその作品のこと。例として，絵画，彫刻，文芸，音楽，演劇，舞踏，映画，写真，アニメーション，デザインなど多くの方法があり，人生をより豊かなものにしてくれる。

【宗教】
神や仏などを信仰し，救いや安心，幸福を得ようとする人間の心の動きのこと。宗教は人の精神を支え，やすらぎを与える一方で，現在も異なる宗教間の対立が原因で，国際紛争が起きている。世界中の多くの国で信仰されている宗教は，キリスト教，イスラム教，仏教の三つで，三大宗教とよばれる。

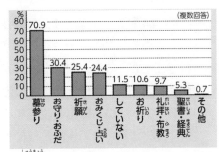

▲宗教的行動で行っていること（2018年）
〈NHK放送文化研究所資料〉

○10ページ 12行め
（…）現代では,（…),**文化の画一化**という現象も見られます。

🔍〔文化の画一化〕

グローバル化によって世界のどの国や地域でも同じような生活様式が見られるようになること。今ではファストフード形式の食事やTシャツ，ジーンズなどの服装，近代的なマンションなどは世界中のどこでも見られるようになった。文化の画一化が進めば，その国や地域の独自の文化が失われてしまう危険もある。

○10ページ 17行め
お互いに異なる文化を（…）**異文化理解**が求められています。

🔍〔異文化理解〕

異なる文化と接して，それを理解しようとする試みのこと。異質な文化であっても文化の持つ固有の価値は対等であり，相互理解が深まることで，それぞれの文化の深みや伝統を感じ取ることができるという認識が必要である。

教科書の 答え をズバリ!

資料活用 p.9 **ハラル製品にはなぜ認証のマークが付けられているのだろうか**

例 宗教上の理由で豚肉やアルコールなどを飲食することができないイスラム教の人々のために，禁止されていない食材を使い，イスラム教の作法に従ってつくられた製品であることを明確に示すため。

資料活用 p.10 **タイの文化らしさが表れている点**

例 手を合わせているファストフード店のキャラクターなど。

確認しよう p.10 **文化とはどのようなものか本文から書き出す**

人間の生活に欠かせない「衣服」「食」「住まい」をはじめとする生活様式や，言語，科学，学問，芸術，宗教など，人々が形づくってきたものを文化という。

説明しよう p.10 **文化と私たちの生活との関わりを明らかにし，異文化理解が求められている理由を説明する**

例 文化は私たちの生活に根付き，より豊かなものにしてくれるものである。異なる文化を持つ人にとっても同じであるので，お互いに異なる文化を尊重し，価値を認め合うことは争いの原因をなくすことにつながるから。

② 日本の伝統と文化

ポイント 日本では四季の移り変わりのなかで，日本独自の自然への豊かな感受性が育まれ，海外の宗教や文化を取り入れて日本文化と調和させた。伝統文化を社会の変化と調和させ引き継いでいくことが大切である。

教科書ナビ

●12ページ 2行め
宗教についても，(…) **年中行事** などにも取り入れられています。

徹底解説

🔍 **【年中行事】**
毎年同じ時期に，同じ様式の習慣的な儀式として継承されている行事のこと。日本の場合，農耕による作付けから収穫までの作業の節目を区切って，節句として行われるものが多い。例えば，端午の節句は，田植えの祭りでもある。

●12ページ 12行め
伝統文化 とよばれる (…)。

🔍 **【伝統文化】**
それぞれの国や地域で，古くから受け継がれ，守られてきた文化のこと。芸術や学問だけでなく，考え方や感じ方，生活のしかたなども含む。伝統文化は，現在の私たちの生活の中に取り入れられていくことで，さらにその価値を増していく。

教科書の 答え をズバリ！

資料活用 p.11 **自分の身近な地域にも，中学生が伝統文化を継承している事例があるか**

例 埼玉県秩父市浦山の中学校では，戦国時代から続く伝統芸能「浦山の獅子舞」を継承し，運動会などで発表が行われている。

資料活用 p.12 **参加したことのある年中行事**

例 正月，節分，七夕，七五三など。

確認しよう p.12 **日本は海外から来た文化をどう受け入れてきたか本文から書き出す**

海外から来た文化をうまく取り入れ，それまでの文化と組み合わせて発展してきたことも日本の文化の特徴だといわれている。

説明しよう p.12 **世界に広めたい日本の文化を一つ取り上げ，その理由と方法を説明する**

例 七夕を世界に広めたい。
理由：七夕飾りが美しく，世界中の人たちの願いを知ることでより豊かな社会になるようにしてほしいから。
方法：各国の主要な施設に笹や短冊を用意して，訪れた人に書いてもらう。

振り返ろう p.12 **文化を受け継ぎ，新たに創造していく意義を説明する**

例 文化を受け継ぐことは，私たちの生活や人生をより豊かなものにしていく。その一方で，グローバル化などによって社会は常に変化していくので，社会の実情や変化に合わせて文化を新たに創造することで，文化はさらによりよいものになっていく。

CHECK!
確認したら✓を書こう

現代社会と文化

❶ 学んだことを確かめよう

A ①…情報通信技術（ICT）　②…情報社会　③…グローバル化
④…国際協調　⑤…少子高齢社会　⑥…文化　⑦…文化の画一化
⑧…異文化理解　⑨…年中行事　⑩…伝統文化

B ①出国日本人数　②訪日外国人旅行者数　③男性
④女性　⑤核家族　⑥単独世帯

「学習の前に」を振り返ろう

① ・情報化…例　携帯電話やスマートフォン，タブレット型端末を持っている人が多く見られるようになった。

　・グローバル化…例　駅の案内やまちの看板に英語が増え，外国人旅行客も多く見られるようになった。

　・少子高齢化…例　学校の児童・生徒や保育園の子どもの数が減り，子どもたちが遊んでいた公園ではお年寄りがゲートボールをするようになった。

②例　障がい者や高齢者が駅を利用しやすいようにエレベーターが設置され，バリアフリー化が図られた。

③共通点…例　子どもの数が減って，教室の数も減ったところ。
　相違点…例　外国人観光客が多く見られるところ。

❷ 見方・考え方を働かせて考えよう

ステップ1①

現代日本の社会と文化の特色

　例　情報化，グローバル化，少子高齢化，科学技術の進歩，文化の画一化など

ステップ1②

私が考える特に大きな特色

　例　グローバル化

根拠となるページ

　例　p.5〜6

理由

　例　グローバル化によって，世界の多くの国や地域の人々との結び付きが強くなり，科学技術の進歩によってヒトやモノ，カネ，情報などの移動が急速に進んだことで経済や文化など他国の影響を強く受けるようになったから。

ステップ2②

自分の考えに足りなかった事柄や見方・考え方

　例　グローバル化が進むことで，国や地域が互いに経済や文化に影響を与えるようになったことから，環境問題や紛争，貧困などの国際的な課題に対して，各国が協調して解決を図る動きが増えたという視点。

ステップ3

現代日本の社会と文化にはどのような特色があるのか自分の考えを説明してみよう

　現代日本の社会と文化の最も大きな特色は，（例　グローバル化の進展）**である。なぜなら，**（例　世界の多くの国や地域の人々との結び付きが強くなり，科学技術の進歩によってヒトやモノ，カネ，情報などの移動が急速に進んだことで経済や文化など他国の影響を強く受けるようになり，また国際情勢が経済などを左右するため，今後は，国際的な課題を国際協調を通じて解決できる動きが増えていくと期待される）**からである。**

第4部2章への準備

①例　まちの伝統文化である子ども歌舞伎を存続していくために，小学校のクラブ活動で子ども歌舞伎を学び，毎年地域の人を招待して発表している。

②例　少子高齢化によって，担い手となる児童数が年々減少している。

③例　幅広い年齢の子どもたちが参加できるように，地域の大人たちが主体となって活動を広げる。

一問一答ポイントチェック

第1節
p. 3〜8

現代社会の特色

❶インターネット上で情報をやり取りできる媒体のことを何というか？

❷個人を特定することができる名前や住所，電話番号，家族関係などの情報のことを何というか？

❸コンピュータが人間に代わって，情報などを基に，問題解決などの知的な行動を行う技術のことを何というか？

❹情報の中身を理解したうえで，どのように使うかを考える能力のことを何というか？

❺国や地域が互いに得意なものを生産・輸出し，国内での生産費が高い商品は輸入することを何というか？

❻世界中の企業が売り上げを伸ばすために，国際市場で競い合うことを何というか？

❼国籍や民族などが違う人々が，互いの文化や価値観を尊重して共に生きていく社会づくりをすることを何というか？

❽人口に占める15歳未満の割合が減少し，65歳以上の割合が増加することを何というか？

❾夫婦のみ，または夫婦と未婚の子ども，または父（母）のみと未婚の子どもから成る家族のことを何というか？

❿障がいのある人や高齢者が社会生活に参加する上で，障壁となっているものをなくすことを何というか？

❶ソーシャルメディア

❷個人情報

❸人工知能（AI）

❹情報リテラシー

❺国際分業

❻国際競争

❼多文化共生

❽少子高齢化

❾核家族

❿バリアフリー化

第2節
p. 9〜12

私たちの生活と文化

⓫宗教上の理由で豚肉やアルコールなどの飲食ができないイスラム教の人々のために，禁止されていない食材を使い，イスラム教の作法に従ってつくられた製品のことを何というか？

⓬人の思いや感情を表現し，美的な価値を持つものを生み出す創作的な活動とその作品のことを何というか？

⓭神や仏などを信仰し，救いや安心，幸福を得ようとする人間の心の動きのことを何というか？

⓮ファストフードの店のような，世界中どこに行っても同じような文化が見られる現象を何というか。

⓯毎年同じ時期に，同じ様式の習慣的な儀式として継承されている行事のことを何というか？

⓰日本人に見られる集団のなかで秩序や礼儀を守り，調和をはかろうとする考え方を何というか？

⓫ハラル（製品）

⓬芸術

⓭宗教

⓮文化の画一化

⓯年中行事

⓰「和」の精神

CHECK! 確認したら✓を書こう

① 社会的存在として生きる私たち

ポイント 人は社会集団の中で，人とつながりながら生きている社会的存在である。地域社会では，さまざまな意見が対立することもあり，合意をつくることで地域社会の問題を解決していくことが必要である。

教科書ナビ

○18ページ 2行め
家族や地域社会，国，世界などさまざまな**社会集団**の中で（…）。

○18ページ 4行め
このようなことから，人間は**社会的存在**といわれています。

○18ページ 6行め
私たちにとって**家族**とは，（…）。

○18ページ 14行め
また，私たちは，（…）**地域社会**の中でも暮らしています。

徹底解説

🔍 **〔社会集団〕（しゅうだん）**
社会生活を行っている集団のこと。家族や地域のような基礎的集団と，学校や会社などの機能的集団があり，それぞれルールや規則（きそく）がある。血のつながりで結ばれた家族は最も基礎的な社会集団である。

▲社会集団の例

🔍 **〔社会的存在〕（そんざい）**
人間は一人では生活ができず，常に社会の一員として生きている。そして，人間はさまざまな社会集団のなかで多くの人と結び付き，互（たが）いに人間として尊重（そんちょう）し合い，助け合いながら生活する存在（そんざい）である。

🔍 **〔家族〕**
夫婦（ふうふ）を基本（きほん）とした血のつながりを持つ集団で，いっしょに生活をしている人々。社会を構成（こうせい）している基礎的な集団である。夫婦だけ，夫婦とその子ども，夫婦とその子どもと夫婦どちらかの親（子どもからみて祖父母）などさまざまな形態がある。

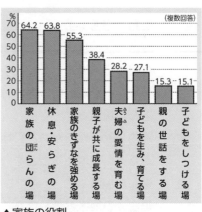

▲家族の役割
（国民生活に関する世論調査 令和元年）

🔍 **〔地域社会〕（はんい）**
一定の範囲の地域において，生活のスタイルや日常的なつながりを基礎とする住人たちが協力して生活している社会。しかし，都市部では人の結び付きが弱く，農山村部では過疎化（かそ）が進んでおり，昔ながらの地域社会のまとまりはくずれてきている。

○**18ページ 21行め**
人はそれぞれの（…）「対立」が起きてしまいます。

🔍【対立】
人間はそれぞれ異なった価値観や考え方をもっている。また役割や立場の違いによって、さまざまな利害が発生する。そのため、規則やルール、契約の内容について問題や争いが起こることは避けられない。このような状態を対立という。

○**18ページ 28行め**
私たちは、（…）「合意」を作り出すことで問題を解決し、（…）。

🔍【合意】
互いの意思が一致することを合意という。人間の集団に存在するさまざまなルールは、関係する多くの人々が納得していることが大切である。ある一定の集団において、よりよい社会生活を送るためには、合意をいかに形成していくかが重要になる。

○**18ページ**
⑥家事分担での「win-winの関係」の例

🔍【win-winの関係】
利害が対立する者同士が共に利益を得ること。どちらか一方が勝つ（win）のではなく、両者が勝つことで良好な関係を築くことができると期待できる。この場合、金銭的な利益や損だけではなく、心理的な損得が重要となってくる。

教科書の\答え/をズバリ!

資料活用 p.17 新しい防災備蓄倉庫をどこに設置するのがよいか理由とともに説明する

例 **選んだ場所**：⑦
理由：昔からの住民が多く、家屋の老朽化が進んでいることが想定され、家屋の被災の可能性や、高齢者の割合が高いことから逃げ遅れる可能性もあるから。

選んだ場所：⑦
理由：⑦の場所は高台にあり、津波などによる浸水の被害を受ける可能性が低く、住民の避難場所となりそうな学校の近くにあるため、災害時に防災備蓄倉庫から必要なものを避難所へ運ぶ労力が少なくてすむから。

選んだ場所：⑦
理由：⑦の場所があるC地区は、宅地開発が進んでいる新興の住宅地なので、これから人口が増えることを考え、防災備蓄倉庫を増やしておきたい。

選んだ場所：㋓
理由：D地区は低地にあるが、マンションが林立し、人口も多いので、防災備蓄倉庫を増やしたいから。

確認しよう p.18 対立が起こる理由を本文から書き出す

人はそれぞれの考え方や利害を持っているので、意見の違いから人々の間に問題や争いといった「対立」が起きてしまう。

説明しよう p.18 「合意」という言葉を用いて対立を解消するためにどうすればよいか説明する

例 対立は、さまざまな意見の違いから起こるので、互いの言いたいことを理解したうえで、話し合いや交渉を重ねて合意をつくり出して解消する必要がある。

② 効率と公正

CHECK! 確認したら✓を書こう

ポイント よりよい合意を作るために効率や公正という見方・考え方が必要である。問題の解決策にかかる資源や費用をできるだけ少なくし，合意も一人一人に最大限配慮して，多様な考えと総合的な判断が求められる。

教科書ナビ

●19ページ 3行め
よりよい合意を作るために効率や公正といった見方・考え方を踏まえる必要があります。

●19ページ
②対立からよりよい合意へ

●20ページ 4行め
みんなが決定に参加したかといった**手続きの公正さ**，（…）。

徹底解説

〔効率〕

効率とは，利益の配分において，合理的かつむだのないことである。人々の合意を得るためには，規則やルールが，費用や時間，労力などの資源をむだなく使い，最大の効果が得られる内容になっていることが大切である。

〔公正〕

公正とは，人間の待遇や利益の配分において，かたよりがないことである。公正は手続きの公正さ，機会の公正さ，結果の公正さの三つに配慮することが重要である。

【効率について】
・問題の解決に効果があるか
・時間や費用をむだにしていないか
【公正について】
・みんなが決定に参加する機会があったか
・ほかの人の権利や利益を侵害していないか
・立場が変わっても，その決定を受け入れられるか

▲合意を検討する観点の例

〔対立からよりよい合意へ〕

人間の社会で起きる「対立」を解消し，「合意」を形成するためには，さまざまな人が持つ意見や利害を調整しながら，多様な考え方を生かす規則やルール，契約などを作ることが必要である。

対立

効率　話し合いなど　公正

よりよい合意

〔手続きの公正さ〕

規則やルールを作る際に，合意に至るまでの過程で全員が決定に参加できたかを検討する考え方。手続きの公正さを保つためには，誰もが話し合いの過程で自分の意見を言うことができるシステムを築くことが重要である。

●20ページ 4行め

みんなが決定に参加したかといった（…）**機会の公正さや結果の公正さ**などに配慮することも大切です。

🔍 【機会の公正さ】

一部の人の権利や利益が不当に制限されていないか，ということを見る視点が「機会の公正さ」である。たとえば運動部にグラウンドや体育館の使用を割りふる場合，「新設の部活だから」という理由だけで，初めからほかの部よりも割りふりを少なくしてしまうことは，機会の公正さに配慮していないことになる。

🔍 【結果の公正さ】

立場が変わってもその決定を受け入れられるか，ということを見る視点が「結果の公正さ」である。週に３日グラウンドの半分を利用するA部と，週に５日グラウンドの４分の１を利用するB部が，立場を入れかえても納得ができると考えれば，合意できることになる。

教科書の 答え をズバリ！

資料活用 p.19 防災備蓄倉庫を⓪へ設置するという住民の結論の根拠となる理由

例 人口が多いところに多く設置する必要があるという理由と，年齢ごとの人口も考える必要があるという理由を根拠にしている。

資料活用 p.20 効率，公正を踏まえて，どうやっていちごが５つのケーキを４人で分けるか

例 まずは話し合いの時間と労力をできるだけ少なくするために１人１つずついちごが行き渡るようにケーキを５等分する。残りの１つについて，立場によって不平等がないようにじゃんけんで勝った人がもらうようにする。

資料活用 p.20 効率と公正の見方・考え方を生かす

例 ①合っている

②合っていない　空席が少なくなるので効率的ではあるが，先に並んだ人があとから並んだ人にぬかされることが起こるため，公正であるとは考えにくい。

確認しよう p.20 よりよい合意を作るための見方・考え方を，本文から二つ書き出す

●効率とは，問題の解決策によって得られる効果が，それにかける時間や労力，費用に見合ったものかどうかを検討し，できるだけ少ない資源や費用などを使って社会全体でより多くの利益を得られる結果になっているかどうかを大切にする考え方である。

●公正とは，合意する際に，互いの意見を尊重し，合意によって作られる結論が一人一人に最大限配慮したものになっているかどうかを大切にする考え方である。

説明しよう p.20 「合意」という言葉を用いて，よりよいきまりを説明する

例 よりよいきまりとは，対立した意見を効率と公正の考え方に基づいた話し合いによって，よりよい合意を導いて決められた規則やルールのことである。

③ 私たちときまり

CHECK!

確認したら✓を書こう

教科書 21〜22ページ

第1部 第2章

ポイント 人は社会集団の中で平等な存在として尊重され，その上できまりを作る必要がある。きまりを守って社会集団を維持する一方で，社会の変化に対応してきまりを変え，社会をよりよくする努力も大切である。

教科書ナビ

●21ページ 3行め
日本国憲法では，家族については**個人の尊厳**と**両性の本質的平等**を定めています。

●21ページ 5行め
社会では，（…），**きまり**を作っていくことが求められます。

●22ページ 8行め
きまりは，（…），それを守るという**責任**や**義務**が生まれてきます。

徹底解説

🔍 **〔個人の尊厳〕**
個人の価値を認め，誰からも侵害されないこと。日本国憲法では，第13条で「すべて国民は，個人として尊重される。」と規定され，第24条で家族生活における個人の尊厳と両性の本質的平等が規定されている。そのため，婚姻も戦前のような家制度に基づくものではなく，男女の自由な意思で成立するものになった。

🔍 **〔両性の本質的平等〕**
肉体的に男性と女性の差は当然あるが，人間としての価値は完全に同等であるという意味。この考え方に基づいて，民法の規定では，互いに協力して家庭を守っていくことを求めている。

🔍 **〔きまり（ルール）〕**
対立を解決するのに最適なやり方や基準のこと。きまりには，スポーツのルールや個人や社会の間で結ばれる契約，国の法律，国家間で結ばれる条約など明文化（文章化）されたもののほかに，個人の間で結ばれた約束事のような明文化されていないものもある。効率と公正に配慮して決められたきまりでも，みんなが守らなければ意味がなく，合意したルールにはみんなが守る責任と実行する義務が生じる。

🔍 **〔責任〕**
一人一人の立場によって負わなければならない任務や義務のこと。ここでは，人々が対立と合意を繰り返して作り上げたきまり（ルール）を守らなければならないことを示している。このきまりが法律であれば，違反した人は法律上の制裁を受けなければならない。

🔍 **〔義務〕**
人々がそれぞれの立場に応じてしなければならない務めのこと。ここでは，みんなが作り上げた道徳や法などのきまりについて，人々がしなくてはならないことやしてはならないことが生まれることを示している。

○22ページ 10行め
　そして，それを守ることで互いの**権利**や**利益**が保障されることにもつながります。

【権利】

人が自分に利益のあることや望んでいることを自由に行える資格のこと。互いの持つ権利を尊重して話し合いを進めなければ，参加者全員が納得する合意を作ることはできない。

【利益】

人々にとって，得になることを利益という。合意を作り上げていく過程で対立が生じた場合は，さまざまな立場に立った考え方が社会集団のなかで互いに成り立つことができるように，互いの利益が得られるように決定する必要がある。

○22ページ 11行め
　そのようなきまりを作ることを「**契約**」といいます。

【契約】

当事者同士で約束を取り交わすことを契約といい，ここでは合意によって，守る責任や義務が生じ，守ることで互いの権利や利益が保障されるようなきまりを作ることを示している。

教科書の答えをズバリ！

資料活用 p.21　どの解決案に賛成するのかとその理由

例　賛成：B
　理由：地域の状況として，掃除規則を作ったときの住民が変わったり，住民の年齢構成が変わったりしているため，社会の変化に合わせて規則も変えるべきであるから。

資料活用 p.22　ごみ置き場の掃除規則では，どの決定方法がよいか

例　当事者たちが納得しなければ，掃除規則を守る責任や義務を放棄する可能性や，地域を構成する世代のかたよりによって決定が左右される可能性があるので，全員の意見が一致するまで話し合う決定方法がよい。

確認しよう p.22　一人一人を平等な人間として尊重するために大切な考え方を，本文から二つ書き出す。

- 個人の尊厳
- 両性の本質的平等

説明しよう p.22　きまりを作る際，みんなが納得するために注意することを説明する

例　関係する人々が互いに意見を述べ合い，歩み寄って理解し合うことができるようにすると共に，決める内容や関係する人々の規模に応じた適切な決定方法を考えること。

アクティブ公民

CHECK! 確認したら✓を書こう

マンションの騒音問題を解決しよう
〜対立と合意を，効率と公正から考える〜

<u>学習課題</u>：実際に起こりえる「対立」について，みんなが納得できる「合意」を作ることに挑戦する。

やってみよう1 p.23 住民の事情と主張を確認しよう

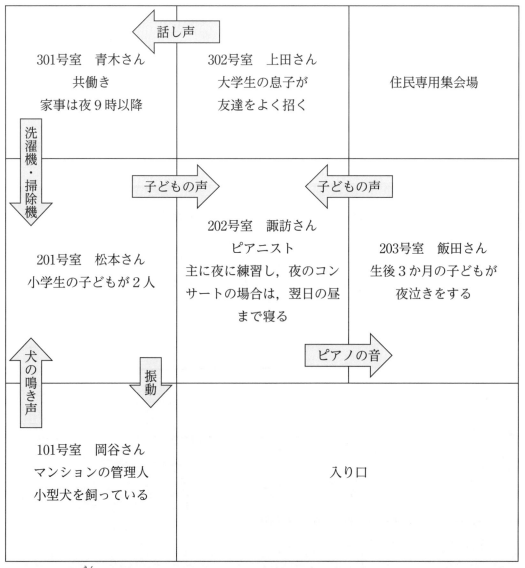

1　自分が演じる役を決めよう…例　201号室松本さん

2　演じる役の主張を考えよう

　例　301号室の青木さんの生活音や101号室の犬の鳴き声が気になるので，解決策として静かにする時間を決めたい。

やってみよう2 p.24 解決策を話し合ってみよう

1，2　A案とB案それぞれの長所と短所を考えよう

3　どちらの案がより適切な（実現できる）解決策か考えよう

例

	A案（静かにする時間を決める）	B案（イベントで相互理解をはかる）
長所	・ルールがわかりやすい。 ・静かにする時間を夜にすれば，安心して寝ることができる。	・互いのどのようなところが不満なのか，理解し合うことができる。
短所	・夜にどうしても音を出さなければならない住民は不満が残る。 ・昼に静かにしてほしい住民は効果が得られない可能性がある。	・相互理解が得られなかった場合は，改めてルールを作らなければならない。

やってみよう3 p.24 話し合いを評価してみよう

（省略）

やってみよう4 p.24 効率，公正の見方・考え方を用いて解決策を検討しよう

1　例　夜11時以降は，大きな音を出すことは禁止する。ただし，防音の工夫をしたり，まわりの住民の理解を得られたりした場合は，音を出すことができる。

2　例　きまりに先立って住民の交流イベントを行い，イベントでは諏訪さんのピアノに合わせて子どもたちに合唱してもらう。

技能をみがく

・ロールプレイング（役割演技）をやってみよう

（ロールプレイングの方法）

1　場面，登場人物を設定する…例　夜の騒音問題について話し合うマンションの住人6人

2　演技する役割を決める…例　203号室飯田さん

3　役割に応じた資料を集める

　　例　ピアノの音がどれだけ部屋の中で響いているのかを測った資料など。

4　主張を考える

　　例　子どもが生後3か月なので，夜泣きは仕方のないこととわかってもらうため，住民同士の交流イベントで相互理解を図りたい。また，隣の諏訪さんのピアノの音が夜に聞こえてくると子どもの夜泣きにつながるので，練習の時間について話し合いたい。

5　役割に基づいて演技する…（省略）

章の学習を振り返ろう

CHECK!
確認したら✓を書こう

現代社会をとらえる枠組み

1 学んだことを確かめよう

A ①…社会的存在 ②…家族 ③…合意 ④…効率
　①…公正 ⑥…尊厳 ⑦…本質的平等 ⑧…多数決
　⑨…きまり（ルール） ⑩…責任

B ①対立 ②合意 ③効率 ④公正
　⑤時間 ⑥当事者 ⑦代表者 ⑧第三者

「学習の前に」を振り返ろう

①例 路上で喫煙することができなくなった。

②例 たばこの煙は体に悪く，吸わない人にも害を与えるから。

③例 歩きスマホの禁止。

2 見方・考え方を働かせて考えよう

ステップ1 ①

社会生活におけるきまりの意義を書き出す

社会生活におけるきまりの意義

例

- きまりを作る過程で，さまざまな立場の意見を話し合うことで，相互理解が図れ，社会がよりよいものになる。
- きまりはみんなの合意で作られているので，守るという責任と義務が生まれる。
- きまりを守る責任と義務を負うことで，権利や利益が保障される。

ステップ1 ②

私が考える特に大きな意義

例

　きまりを作る過程で，さまざまな立場の意見を話し合うことで，相互理解が図れ，社会がよりよいものになる。

根拠となるページ

例 p.21〜p.22

理由

例 社会集団の中で，さまざまな立場の人がよりよく生きていくためには，対立する意見を効率と公正の観点から話し合って，合意に結び付けることが重要だと思うから。

ステップ2②

自分の考えに足りなかった事柄や見方・考え方

例 社会は常に変化していくので，新しい問題が発生したり，きまりをつくったときの事情と現在の事情が違ったりする。そのため，対立と合意を繰り返してきまりを変化させていく必要があるという視点。

ステップ3

きまりにはどのような意義があるのか，自分の考えを説明してみよう。

きまりには，（例 きまりを作る過程で，さまざまな立場の意見を話し合うことで，相互理解が図れる）**という意義がある。なぜなら，**（例 社会集団の中で，さまざまな立場の人が対立する意見を効率と公正の観点から話し合って，合意に結び付けることでよりよく生きることができる。また，社会の変化に合わせてきまりを変えることで，さらに社会がよりよいものになっていく）**からである。**

第4部2章への準備

①例 地区のごみ回収場の鍵を開ける当番が回ってきた人は，回収場の掃除も行う。

②例 夜遅くまでピアノの練習をしたり，外で話したりと騒音を立てている家庭があるところ。

③例 夜9時以降は楽器などの練習をせず，外で大声を出さないというルールが必要である。

一問一答 ポイントチェック

答え

1 p.18 社会的存在として生きる私たち	

❶家族や地域のような基礎的集団や学校や会社などの機能的集団といった，社会生活を行っている集団のことを何というか？

❷一定の範囲の地域で，生活のスタイルや日常的なつながりを基礎とする住人たちが協力して生活している社会を何というか？

❸規則やルールなどの内容について問題や争いが起こっている状態を何というか？

❹互いの意思が一致することを何というか？

❺利害が対立する者同士が共に利益を得る関係のことを何というか？

❶社会集団

❷地域社会

❸対立

❹合意

❺win-winの関係

2 p.19〜20 効率と公正	

❻利益の配分において，合理的かつむだのないことを何というか？

❼規則やルールを作る際に，合意に至るまでの過程で全員が決定に参加できたかを検討する考え方を何というか？

❽規則やルールをつくる際に，合意に至るまでの過程で全員が対等な立場で参加し，発言の機会が平等で，他者の利益などを侵害することがなかったかを検討する考え方を何というか？

❾作られた規則やルールが特定の人の利害だけを不当に制限していたり，かたよりがあったりしないかを検討する考え方を何というか？

❻効率

❼手続きの公平さ

❽機会の公平さ

❾結果の公正さ

3 p.21〜22 私たちときまり	

❿個人の価値が認められ，誰からも侵害されないことを何というか？

⓫日本国憲法が家族について定めているのは，両性の何か？

⓬決定を行う方法の一つで，賛成者の多い意見によって物事を決めることを何というか？

⓭人が自分に利益のあることや望んでいることを自由に行える資格のことを何というか？

⓮人々が❸と❹を繰り返して作り上げたきまり（ルール）を守らなければならないことを何というか？

⓯人々がそれぞれの立場に応じてしなければならない務めのことを何というか？

⓰合意によって，守る責任や義務が生じ，守ることで互いの権利や利益が保障されるようなきまりを作ることを何というか？

❿個人の尊厳

⓫本質的平等

⓬多数決

⓭権利

⓮責任

⓯義務

⓰契約

学習の前に

私たちの暮らしと憲法の関係を見てみよう

CHECK!

確認したら✓を書こう

やってみよう p.27 市民のよりよい暮らしを実現するための取り組みを示した次の①〜⑥の場面がイラスト内のア〜カのどれにあたるか，（　）に記号を入れる。

① 自分の主張を記したビラを配っている

（　オ　）

② 保育園で働く男性保育士

（　イ　）

③ 盲導犬を連れて歩く人

（　ウ　）

④ 段差を登れず困っている人

（　カ　）

⑤ 税について相談している人

（　エ　）

⑥ 選挙に立候補している人

（　ア　）

① 民主主義と立憲主義

CHECK! 確認したら✓を書こう

第2部 第1章 第1節

ポイント 社会を維持していくための税金を集める場合，国家権力が必要となる。しかし，国家権力を適切に行使させるために民主主義に基づく政治や，憲法に基づいて国家権力の濫用を防ぐ立憲主義が重要である。

教科書ナビ

●29ページ 2行め
広場をきれいにするには，気が付いた人がボランティアで（…）。

●29ページ 6行め
快適な広場を（…），を権力といいます。さらに，（…）国家権力といいます。

●30ページ 6行め
これが民主主義です。また，それに基づく政治を，民主政治といいます。

●30ページ 8行め
多数決によって少数の人の権利を侵害したり，（…）。

徹底解説

【ボランティア】
利益を求めることなく，社会の発展や福祉のために行われる個人の自主的な活動。高齢者の介護や防災活動への参加などが代表的である。日本では，阪神・淡路大震災が発生した1995年が「ボランティア元年」ともよばれている。

【国家権力（権力）】
権力とは，他者やほかの集団を自己の意思に沿って強制する力のことで，国家権力とは国家が存続するために，国民に対して発揮する強制力のことである。公共サービスや福祉において，国や地方公共団体がその維持のために国民から税金を集めるといった行為にも国家権力が発揮されている。

【民主主義（民主政治）】
民主主義とは，「すべての人々が参加して意見を出し合い，方針やルールを決定し，人々の幸福を目指すこと」である。現在では多くの国や地域，さまざまな組織で採用されている。
　また，民主政治とは，民主主義の考え方に基づいて行われる政治のことで，国家の主権は国民にあり，国民の意思に基づいて行われる。そのためには，国民の意思を示す手段（選挙など）が整備されていなければならない。

【多数決】
多数決の原理とは，話し合いや議論を尽くしても意見の一致がみられない場合，賛成数の多い方の意見に従うことである。民主主義ではすべての人々の幸福の実現が目標であるが，実際にはさまざまな意見や立場があり，すべての人々が一致することは少ないため，多数決によって決めることが多い。しかし，少数意見を尊重することも大切であり，話し合うことで合意できる点を見いだすことが求められている。

○**30ページ**
④**多数決の問題点**

🔍〔多数決の問題点〕

多数決は，少数の意見より過半数の意見を反映する傾向が強くなるため問題が生じる。例えば10人で議論をして，一つの案に賛成する人が5人と集中し，そのほかの複数の案に5人が分散して賛成したとすると，多数決の原理では5人が賛成した一つの案に決定されるが，裏を返せば，その案に納得していない人が賛成した人の数と同数ということになる。

○**30ページ 15行め**
そうした過ちを（…）禁止したりするルール（**憲法**）を作り，（…）。

🔍〔憲法〕

憲法とは，国民の人権や国の政治のあり方などを定めた根本になる法のことをいう。近代憲法では国民の人権の保障と国家権力の制限という原理が取り入れられている。

○**30ページ 18行め**
これが**立憲主義**です。

🔍〔立憲主義〕

憲法によって国家の権力を制限し，人々の権利を保障する考え方を立憲主義とよぶ。また，そのような主義を持つ憲法に基づいて行われる政治を立憲政治ともいう。

教科書の＼答え／をズバリ！

資料活用 p.29 **スーダン共和国の独立にあたって新憲法が制定されたのはなぜか**

例 分離・独立を支持した国民に対して国民主権や基本的人権の尊重を守り，国家権力の濫用を防ぐことを示すため。

資料活用 p.30 **A案に賛成の人数とA案以外に賛成の人数を比べる**

例 A案に賛成した人数は4人で，A案以外の案に賛成した人数は合わせると6人で，A案に賛成する人数を上回っている。

確認しよう p.30 **国家権力とはどのような力かを本文から書き出す**

国家が国民に強制する力を，国家権力という。

説明しよう p.30 **国家権力をよりよく正しく使うために重要な考え方を説明する**

例 国家権力が暴走すると，戦争・人権侵害・独裁などを生む。そのため，憲法などのルールを作ることで戦争・人権侵害・独裁などを禁止したり，すべての国民が決定に参加して国家権力が適切に行使されているかをチェックしたりすることで，国家権力の濫用を防ぐことが重要である。

第2部 第1章 第1節 民主主義と日本国憲法

CHECK!
確認したら✓を書こう

教科書
31
〜
32
ページ

第2部
第1章
第1節

② 人権保障と法の支配

> **ポイント** 民主主義と人権は数々の犠牲を経て，市民革命以降に保障されるようになった。人権はすべての人に保障すべき権利であり，国家による人権保障を実現するためには，平等で明確な法による支配が重要である。

教科書ナビ

●31ページ 6行め
それは，（…）人であるという理由だけで持つべき権利（**基本的人権**）として，（…）。

●31ページ 17行め
そこで，（…）**世界人権宣言**（1948年）が採択され，（…）**児童（子ども）の権利に関する条約**（1989年）など，（…）。

●32ページ 9行め
国家が，（…），**法の支配**が欠かせません。

徹底解説

🔍〔基本的人権〕

基本的人権とはすべての人間が生まれながらにして持つ権利のこと。現代では，人権の侵害は何人にも許されないとされ，国の憲法などに人権の保障が定められている。国際的にも，世界人権宣言や国際人権規約などに人権の保障が定められている。

🔍〔世界人権宣言〕

世界人権宣言は，すべての人々とすべての国が達成すべき人権の共通基準として，1948年に国連総会で採択された。第二次世界大戦への深い反省から，人々の生命や自由，政治への参加などの人権を守るために宣言がまとめられた。

🔍〔児童（子ども）の権利に関する条約〕

子どもの人権や自由を尊重して，子どもの保護と援助を進めることを目的とした条約のこと。1989年に国連で採択され，日本は1994年に批准している。すべての子どもの生命に対する固有の権利，教育を受ける権利などを保障している。

🔍〔法の支配〕

法の支配のもとでは，国民の代表者によって作られた法に基づいて国家の権力が制限され，政治が行われている。このしくみによって国民の権利と自由を守っている。

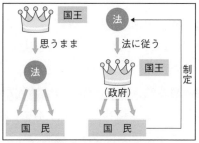

▲人の支配（左）と法の支配（右）

教科書の 答え をズバリ！

資料活用 p.31　**フランス革命前後の税の負担者の変化**

例　フランス革命前はおもに平民が税を負担し，貴族や聖職者はほとんど負担していなかったが，フランス革命後は貴族，聖職者，平民が平等に税を負担するようになった。

資料活用 p.32　**どのような権利が獲得されてきたか確認する**

マグナカルタ (1215年，イギリス)	当時の国王に貴族の権利を認めさせた。
権利請願 (1628年，イギリス)	課税には議会の同意が必要と定めた。
権利章典 (1689年，イギリス)	都市の富裕層である市民の自由を保障し，議会の同意なしに課税や法律を停止することを禁止した。
アメリカ独立宣言 (1776年，アメリカ)	基本的人権の保障や国民主権などを宣言した。
フランス人権宣言 (1789年，フランス)	基本的人権の保障や国民主権，権力分立を定めた。
リンカン大統領の ゲティスバーグでの演説 (1863年，アメリカ)	民主主義の理念を表明した。
大日本帝国憲法 (1889年，日本)	日本国民の権利を法律の範囲内で認めた（臣民の権利）。
ワイマール憲法 (1919年，ドイツ)	労働者などの弱い立場の人を守る社会権を世界で初めて保障した。
日本国憲法 (1946年，日本)	日本国民の基本的人権を尊重することを定めた。
世界人権宣言 (1948年，国際連合)	世界全体での基本的人権の保障を宣言した。

資料活用 p.32　**国王と法の関係に着目して，人の支配と法の支配の違いを考える**

例　「人の支配」のもとでは，国王が法を決めて，自由に権力を使うことができる。「法の支配」のもとでは，国民が制定した法に国王の権力が制限を受ける。

確認しよう p.32　**基本的人権がどのような権利か本文から書き出す**

理由なく逮捕されない権利，表現の自由，教育を受ける権利などが，すべての人が，人であるという理由だけで持つべき権利

説明しよう p.32　**法の支配を実現するために必要なことを説明する**

例　国民の代表による議会で，平等で明確な法を作るしくみが必要である。

みんなで決めるとはどういうこと？
〜民主主義から考える〜

やってみよう1 p.33

1 ①〜⑥を多数決で決めてよいことか，決められないことか考える

> **多数決で決めてよいこと**
>
> ①…複数の案から，より多くの人がやりたい出し物に決める決定方法が効率的だから。
>
> ⑥…それぞれの案をすべて採用するとページがまとまらないから。

> **多数決で決められないこと**
>
> ②…それぞれの生徒がどの委員会活動をするかは個人の自由だから。
>
> ③…掃除当番の担当は個人の意思や得意不得意などがあるから。
>
> ④…昼休みの過ごし方は個人の自由だから。
>
> ⑤…進路の選択は個人の自由だから。

2 ほかの人と意見交換をする（省略）

3 「人権」という言葉を使って，多数決で決めてはいけないことを考える

> 例 自由な選択を妨げ，個人の人権を侵害するおそれがあることは多数決で決めてはいけない。

やってみよう2 p.34

1 賛成と反対の人数を表にまとめる

	賛成	反対
お化け屋敷	17人	15人
カフェ	10人	8人
演劇	8人	20人

2 効率や民主主義の見方・考え方を踏まえて，どのような決め方が公正か考える

> 例 クラス全員が決定に参加でき，多くの人の意見が反映できる決め方が公正である。

3 ほかの人と意見交換をする（省略）

4 公正な決定の方法について，理由とともに考える

> 例 公正な決定の方法…第一候補と第二候補を選んでもらい，その合計で過半数だったものに決定する。
>
> 理由…クラス全員が決定に参加し，より多くの人の意見を反映させて，個人が意見を言う権利を侵害することがないように決定することが公正な決定といえるから。また，意見が割れて議論が長引いて時間のむだにならないようにする必要があるから。

❸ 日本国憲法の成立

教科書35〜36ページ

ポイント 人権保障が未発達だった明治時代に成立した大日本帝国憲法は，天皇主権であり，個人の人権は法による制限を受けた。しかし第二次世界大戦後は民主主義の強化と人権尊重を目指した日本国憲法が成立した。

教科書ナビ

●35ページ 6行め
そのようななか，(…) **大日本帝国憲法を発布**しました。

●35ページ 10行め
国民の人権も「**臣民の権利**」として保障されました。

●36ページ 11行め
それを帝国議会で(…)，**日本国憲法**として制定しました。

徹底解説

🔍〔大日本帝国憲法〕

明治維新の後，政府は国会開設の前に憲法を制定する必要があった。初代内閣総理大臣の伊藤博文は，君主権が強いドイツ（プロイセン）の憲法をもとにして憲法草案を作成し，これをもとにして1889（明治22）年2月11日に天皇が国民に与える形で大日本帝国憲法が発布された。

🔍〔臣民の権利〕

「臣民」とは，君主に支配される立場の人々という意味。大日本帝国憲法のもとでの国民の立場を示している。

🔍〔日本国憲法〕

第二次世界大戦後，連合国軍総司令部（GHQ）が提示した憲法改正案をもとに，日本政府は新しい憲法改正案を発表した。

その後，帝国議会（衆議院は20歳以上のすべての男女が有権者となった普通選挙で選ばれた議員から成り，初の女性議員も含まれていた。）の審議を経て，大日本帝国憲法の改正という形で，1946年11月3日に公布され，6ヶ月後の1947年5月3日に施行された。

▼大日本帝国憲法と日本国憲法

大日本帝国憲法		日本国憲法
1889(明治22)年2月11日発布	発布・公布	1946(昭和21)年11月3日公布
1890年11月29日	施行	1947年5月3日
欽定憲法(天皇が定める)	性格	民定憲法(国民が定める)
天皇／元首	主権者/天皇の地位	国民／象徴
「臣民の権利」として法律の範囲内で認められる	国民の権利	基本的人権の尊重
(男子の)兵役，納税，(教育)	国民の義務	普通教育を受けさせる，勤労，納税
天皇の協賛機関	国会	国権の最高機関，唯一の立法機関
各大臣は天皇を助けて政治を行う	内閣	国会に対し連帯して責任を負う(議院内閣制)
天皇の名において裁判を行う	裁判所	司法権の独立
軍が通常の行政から独立(天皇の統帥権)	軍隊	もたない(戦力の不保持)
規定なし	地方自治	地方自治の本旨に基づく
勅令により，帝国議会で議決する	憲法改正	国会が発議し，国民投票を行う

◯35ページ
解説：不文憲法と成文憲法

🔍〔不文憲法〕
文字や文章で表されていない不文法の形式をとっている憲法のこと。慣習や判例などに委ねられているため，慣習憲法ともよばれている。イギリスでは不文憲法の形式がとられており，社会の変化に対応するための新しいルールは，議会が制定する成文化された法律で定められている。

🔍〔成文憲法〕
文字や文章で表されている成文法の形式をとっている憲法のこと。成文憲法は政治の自由主義化によってもたらされ，18世紀後半に制定されたアメリカ合衆国憲法やフランスの憲法が始まりとされる。

現在では，世界のほとんどの国で成文憲法が制定されている。

前文		第6章 司法	76〜82条
第1章 天皇	1〜8条	第7章 財政	83〜91条
第2章 戦争の放棄	9条	第8章 地方自治	92〜95条
第3章 国民の権利及び義務	10〜40条	第9章 改正	96条
第4章 国会	41〜64条	第10章 最高法規	97〜99条
第5章 内閣	65〜75条	第11章 補則	100〜103条

▲日本国憲法の章立て

教科書の答えをズバリ！

資料活用 p.35 日本国憲法施行を祝う花電車の見物に集まった人々の思い
例 大日本帝国憲法では，国民の人権は法律に基づいて制限され，天皇の権限が強く，政治でも軍の活動が大きな影響を与えたので民主主義や権力の分立が不十分だったが，日本国憲法では人権の尊重と民主主義が強化されたため，民主主義国家としての新たな体制を祝う気持ちだった。

資料活用 p.36 大日本帝国憲法と日本国憲法の国民の位置づけの違い
例 大日本帝国憲法は天皇主権で，国民の権利は「臣民の権利」として法律の範囲内で認められた。一方で日本国憲法は国民主権で，国民の権利はすべての人間が生まれながらに持つ権利として保障された。

確認しよう p.36 日本国憲法によって強化されたことを本文から書き出す
民主主義

説明しよう p.36 「帝国議会」という言葉を用いて，日本国憲法の成立過程を説明する
例 連合国総司令部（GHQ）の案を基礎にして，日本政府がつくった改正案を帝国議会が審議して，一部を修正したうえで，大日本帝国憲法の改正という形式で成立した。

④ 国民主権

ポイント　日本国憲法は，<u>国民主権</u>・<u>平和主義</u>・<u>基本的人権の尊重</u>を三大原理とし，天皇の地位は<u>象徴</u>となった。憲法に国民の意思が示され，憲法にのっとった政治を進めることで国家権力を行使させる必要がある。

教科書ナビ

●37ページ 1行め
　日本国憲法は，国民主権・平和主義・基本的人権の尊重を三大原理としています。

徹底解説

🔍【国民主権】
　政治のあり方を最終的に決めるのは国民であるということ。日本国憲法の前文および1条では主権が国民に存していることが明記されている。

🔍【平和主義】
　平和主義とは，暴力や武力によって目的を達成することを否定し，合意や協調によって対応しようとする考えのこと。日本国憲法前文で「平和のうちに生存する権利」を持つことを確認し，さらに，第9条では「戦争の放棄」と「戦力の不保持」，「交戦権の否認」を規定している。

🔍【基本的人権の尊重】
　基本的人権は，人間が生まれながらにして持つ<u>自由かつ平等である権利</u>ということ。日本国憲法では，11条で「国民は，すべての基本的人権の享有を妨げられない。この憲法が国民に保障する基本的人権は，侵すことのできない永久の権利として，現在及び将来の国民に与へられる。」と規定され，最大限に尊重される。

●37ページ 4行め
　そこで，日本国の主権を持つのは国民だという，（…）。

🔍【主権】
　政治のあり方を決める権利のこと。これが国民にある場合は国民主権，君主にある場合には<u>君主主権</u>とよぶ。日本国憲法では国民に主権があると定められているが，大日本帝国憲法では天皇（君主）に主権があると定められていた。

▲『あたらしい憲法のはなし』の三大原理に関する挿絵

◯**38ページ 11行め** ·····
これは，象徴という
（…）。

🔍〔象徴〕
象徴とは，抽象的なものを具体的な形として表すこと。従って，象徴としての天皇とは，日本国，日本国民という抽象的なものを表す立場にあることを意味しており，政治的な力を持たない。

◯**38ページ 14行め** ·····
現在，（…），国事行為とよばれる（…）。

🔍〔国事行為〕
国事行為の内容は憲法7条に定められている。おもに「国会の召集」「衆議院の解散」「憲法改正，法律，政令，条約の公布」「外国の大使，公使の接受」などがあり，すべて内閣の助言と承認を必要とし，内閣がその責任を負う。

教科書の答えをズバリ！

資料活用 p.37　憲法と法律はどのような関係にあるか

例　憲法では「義務教育の無償」という大きな原則を立て，法律はそれを実現するために，「授業料を徴収しない」「教科書を無償とする」という具体的な内容を定めている。

資料活用 p.38　中学生でもできる政治参加の方法は何か

例　世論に関心を持つために新聞やニュースを読む，行政の政策に対して疑問や反対などの意見を送る，議会の規則で制限されていない場合に議会を傍聴する，気になる政治の問題について家族や友人などと議論する。

中学生には参加できない政治活動

例　投票（選挙権は満18歳以上），議員に立候補する（衆議院議員・都道府県議会議員・市区町村議会議員は満25歳以上，参議院議員・都道府県知事は満30歳以上）

確認しよう p.38　日本国憲法の三大原理を本文から書き出す

● 国民主権
● 平和主義
● 基本的人権の尊重

説明しよう p.38　日本国憲法で国民主権が定められている意義を説明する

例　立法や行政，司法について，国民の意思が示された憲法にのっとり国家権力を行使させ，憲法で与えていない権限を行使させないため。

CHECK!
確認したら✓を書こう

⑤ 日本の平和主義

ポイント　日本は戦争の惨禍を繰り返さないため，憲法の前文と9条で平和主義を定めているが自衛のため自衛隊を組織している。自衛隊や他国の軍事活動の後方支援などと憲法9条との位置付けが今後の課題である。

教科書ナビ

●39ページ
憲法9条に込められた決意

●39ページ 15行め
この政府解釈に基づき，（…），自衛隊が組織されています。

●39ページ 17行め
2014（平成26）年に，政府は，集団的自衛権に基づく武力行使について，（…）。

徹底解説

🔍 【憲法9条】
　憲法9条1項で「…国権の発動たる戦争と，武力による威嚇又は武力の行使は，国際紛争を解決する手段としては，永久にこれを放棄する。」と戦争の放棄を定め，2項では「…陸海空軍その他の戦力は，これを保持しない。」と戦力不保持を明確にし，さらに「国の交戦権は，これを認めない。」として，交戦権を否認している。

🔍 【自衛隊】
　朝鮮戦争をきっかけに1950年に設立された警察予備隊が前身である。1952年に保安隊になり，1954年に自衛隊が発足した。
　自衛隊には，憲法9条に対して合憲であるとする論と違憲であるとする論がある。
・合憲論…必要最低限度の自衛力は戦力にあたらないので，自衛隊は合憲であるとする考え方で，日本政府はこの立場をとっている。
・違憲論…憲法9条で否認されている戦力にあたるので，自衛隊は違憲であるとする考え方。

🔍 【集団的自衛権】
　同盟国において武力攻撃が起こった場合，攻撃された同盟国への攻撃が自国の安全にとって危ないと判断した場合，共同で防衛にあたる権利のこと。国連憲章51条で各国に個別的自衛権と集団的自衛権の行使が認められている。日本では，憲法9条によって戦争の放棄と戦力の不保持，交戦権の否認を定めているため，集団的自衛権は憲法が認める自衛権の限界を超えるとの解釈を示していたが，2014年7月に閣議決定により憲法の解釈を変更したため集団的自衛権の行使が可能になった。

個別的自衛権	集団的自衛権
①武力攻撃 → A国 ● ←②反撃	②集団的自衛権 による反撃 → A国 ①武力攻撃 ● ②反撃 ↕ 密接な関係 → B国

◎40ページ 11行め
また，日本は，アメリカと**日米安全保障条約**を結んでいます。

🔍〔日米安全保障条約〕

1951年，サンフランシスコ条約と同時に日本とアメリカの間で結ばれた条約。日本がほかの国から攻撃を受けたとき，アメリカと共同で防衛することを定めた。その一環として日本は，独立後もアメリカ軍の駐留を認め，その駐留費用も分担することとなった。

1960年には，新しい日米安全保障条約（日米新安全保障条約）に改定され，アメリカ軍による日本の防衛義務などが追加された。

◎40ページ 13行め
これまで，政府は，**非核三原則**や防衛費の抑制など，（…）。

🔍〔非核三原則〕

核兵器を「持たず，作らず，持ち込ませず」という日本国の核兵器政策の基本方針である。1967年に佐藤栄作首相が表明し，1971年に国会で議決された。これを提唱した佐藤首相は，1974年にノーベル平和賞を受賞した。

教科書の答えをズバリ！

資料活用 p.39　戦争の惨禍を繰り返さないために，日本国憲法で定められていること

例　憲法9条で戦力の不保持や交戦権の否認などを定めている。

資料活用 p.40　自衛隊の任務の広がり

例　国連平和維持活動（PKO）協力法成立以降は，国内での任務だけではなく海外での任務が可能になった。

確認しよう p.40　憲法9条で定められていることを本文から書き出す

国際紛争を解決するための武力行使と戦争を放棄するとともに，それを達成するため，戦力と交戦権を持たないことを規定した。

説明しよう p.40　日本が平和主義を守るために行っていることを説明する

例　憲法9条と非核三原則を守り，防衛費を抑制して他国を武力で侵攻しないこと。

振り返ろう p.40　「国家」という言葉を用いて，法に基づく政治が大切である理由を説明する

例　法に基づいた政治は，主権者である国民の意思に基づく法を通じて与えられた権限しか使えないため，国家権力の濫用を妨げることができるから。

第2部 第1章 第2節 基本的人権の尊重

① 個人の尊重と憲法上の権利

> **ポイント** 個人の尊重は日本国憲法13条で保障され，これを守るために基本的人権の保障が必要である。憲法は，個人の尊重を実現するため，精神活動の自由，経済活動の自由，生命・身体の自由を保障している。

教科書ナビ

●41ページ 1行め
個人の尊重とは，（…）。

●42ページ
国民の不断の努力

徹底解説

🔍【個人の尊重】

「すべて国民は，個人として尊重される」（憲法13条）を根本として，すべての個人が平等に扱われる平等権が生まれた。これが基本的人権の基盤となり，自由権や社会権，人権を守るための権利が保障されている。

🔍【国民の不断の努力】

我々は突然に個人の尊重や基本的人権の保障を獲得したのではなく，人類が長い歴史の中でそれらの理念に反する慣習や制度を解消するために努力を重ねて獲得した。そのため，社会の変化によって新たに個人の尊重や基本的人権を侵害する慣習や制度が生じた場合，国民は声を上げて反対することが必要である。

教科書の答えをズバリ！

資料活用 p.41 基本的人権が守られないと，どのようなことが起こるか

例 政府の政策などに対して反対の声をあげた場合，逮捕される。

資料活用 p.41 基本的人権の尊重について述べられている憲法の章

自由権	精神活動の自由	19，20，21，23条	社会権	25，26，27，28条
	経済活動の自由	22，29条	参政権	15，44，79，93，95，96条
	生命・身体の自由	18，31，33，36，37，38条	国務請求権	16，17，32，40条
平等権	13，14，24，44条		国民の義務	26，27，30条

確認しよう p.42 個人の尊重の理念を本文から書き出す

個人の尊重とは，例えば，「人は国に奉仕する道具だ」，あるいは「経済活動ができない人はむだな存在だ」といった考え方を許さず，一人一人を，かけがえのない存在として，平等に配慮し尊重することを意味します。

説明しよう p.42 基本的人権の尊重を実現するために憲法が保障していることを説明する

例 基本的人権の尊重を実現するために，憲法では個人の自由に委ねる領域を確保し，国民は法の下に平等で，差別されないことを保障している。

CHECK! 確認したら✓を書こう

② 自由権

ポイント 日本国憲法で保障されている自由権は，自由な思想や表現などを保障する精神活動の自由，職業選択の自由や財産権を保障する経済活動の自由，活動の自由を保障する生命・身体の自由に大きく分類される。

教科書ナビ

●43ページ 1行め
自由権は，国家から不当に強制や命令をされない権利です。

徹底解説

🔍 **〔自由権〕**
国家の不当な介入や干渉から，人間個人の自由を保障した権利のことで，基本的人権の中心になるものである。日本国憲法では，「精神活動の自由」「生命・身体の自由」「経済活動の自由」の三つに大きく分けて保障されている。

●43ページ 5行め
自由権の中でも，（…）精神活動の自由は，経済活動の自由に比べ，（…）。

🔍 **〔精神活動の自由〕**
精神の自由は次の二つが中心となる。
① 思想・良心の自由（憲法19条）…個人が国家によって制約されず，さまざまな考え方を持ち，個人の良心に従って自由に意見を述べることができる権利である。
② 集会・結社・表現の自由（憲法21条）…人々が共通の目的のために集まり，団体を結成し，自由に意見をする権利である。
　ほかに，信教の自由（憲法20条）や学問の自由（憲法23条）がある。

思想・良心の自由	19条	自分の主義や主張などを持つ権利
信教の自由	20条	宗教を信仰する，しないを自分で決める権利
集会，結社，表現の自由，通信の秘密	21条	人々が集まったり，団体を結成したり，情報を発表・伝達したりする権利。通信の秘密が守られる権利
学問の自由	23条	学問を研究したり，発表したり，教えたりする権利

◀精神活動の自由に関する憲法規定

🔍 **〔経済活動の自由〕**
経済活動はお金を稼ぐ手段だけではなく，個性を発揮する手段としても認められるため，憲法では居住・移転および職業選択の自由などの経済生活に関する自由（憲法22条）や財産権を保障（憲法29条）している。しかし，経済的格差などにより，経済的に強い者が弱い者の生活をおびやかすおそれがある場合などは，公共の福祉により権利が制限される。

●44ページ 4行め …
著作権や特許権など
の知的財産権も，（…）。

🔍 【知的財産権】

発明やアイデアなど人間の幅広い知的創造活動で創作された物と，それを創作した人の財産として保護するための権利。権利は，特許法による特許権や著作権法による著作権などさまざまな法律で守られている。近年では，物体だけではなく情報も知的財産権として保護する制度が整備されている。知的財産制度によって得られたお金は創作した人や企業の財産となり，特許を得た技術を他者に提供することで利益を得ることもある。

●44ページ 12行め …
それを踏まえ，（…），
生命・身体の自由につ
いて多くの条文を設け
ています。

🔍 【生命・身体の自由】

自由権のなかで最も基本的な権利である。正当な理由なく，身体的な拘束を受けない権利が保障されている。憲法18条，31条，33，36〜38条がこれにあたる。

教科書の 答え をズバリ！

資料活用 p.43 **デモ活動を行えるのはどの権利が守られているからか**

例 自由権における精神活動の自由のうち，「思想・良心の自由」と「集会，結社，表現の自由」が守られているから。

資料活用 p.43 **言論を巡る状況の変化の理由**

例 日本国憲法によって自由権が保障されたことで，１のデモ活動のように政府を批判する行動も，表現の自由や集会の自由として保障されるようになったため。

資料活用 p.44 **身の回りのものの知的財産権を考える**

例 ブランドのTシャツのデザインでは，ブランドのロゴに商標権が，デザインには意匠権が保護されている。

確認しよう p.44 **日本国憲法が保障する自由権の三つの分類を本文から書き出す**

● 精神活動の自由
● 経済活動の自由
● 生命・身体の自由

説明しよう p.44 **自分に深く関係のあると思う自由権が大切な理由を説明する**

例 取り上げる自由権…集会・結社・表現の自由

大切な理由…集会・結社・表現の自由を保障することで，さまざまな人が意見を発表することができ，またその意見に対して議論を深めることができる。これは民主主義の発展のために大切なことである。

③ 平等権と差別されない権利

> **ポイント** 日本国憲法では個人の尊重を実現するため，14条で法の下の平等と差別の禁止を保障している。国や地方公共団体は，現在も残る部落差別や女性差別の問題などを解消するため積極的な対策を進めている。

教科書ナビ

●45ページ 1行め
個人の尊重を（…），**法の下の平等**を保障する必要があります。そこで憲法14条は，**平等権**を保障しています。

●45ページ 6行め
現在議論されている区別に，**夫婦別姓問題**があります。

●46ページ 4行め
被差別部落出身者自身の手で（…）1922（大正11）年に**全国水平社**が結成されました。

●46ページ 8行め
2016（平成28）年に**部落差別解消推進法**が制定され，（…）。

徹底解説

【法の下の平等（平等権）】

法の下の平等とは，あらゆる個人を分け隔てなく対応し，法律上平等に取り扱うことであり，この権利を平等権という。平等権を保障するために，憲法14条では「すべての国民は，法の下に平等」であり，「人種，信条，性別，社会的身分または門地により，政治的，経済的又は社会的関係において，差別されない。」ことを保障している。

【夫婦別姓問題】

夫婦別姓とは，結婚後もお互いが結婚する前の姓を名乗ることであり，女性の社会進出が進んだことであらわになった問題である。日本では，選択的夫婦別姓制度と称されている。法律上は夫側の姓でも妻側の姓でも選択が可能だが，実際は夫側の姓になることが多い。

しかし，姓を変えることで仕事での不都合や，免許証や銀行口座などの変更手続の負担など，さまざまな問題が発生している。結婚後は同姓となる原則を定めた民法を見直す審議が行われたが，家族の結束が薄くなるなど反対意見があり，現在まで改正には至っていない。

【全国水平社】

1922年，京都で被差別部落の人々が，みずからの力で部落の解放を勝ち取るために結成した組織。偏見と差別からの解放を訴え，全国的な運動へと広がった。1946年には，全国水平社の指導者が中心となり，部落解放全国委員会が結成され，1955年には部落解放同盟となった。

【部落差別解消推進法】

被差別部落の人々への差別を解消するため，積極的に対策を行うことを国・地方公共団体の義務とした法律。2016年に施行された。依然，被差別部落の人々に対する差別が残り，近年ではインターネット上で差別を助長するような書き込みがされるなど情報化の進展による部落差別の状況の変化を踏まえて，情報提供や相談体制の充実，実態調査などを明記した。

●46ページ 16行め
女性の社会進出は進み，**男女共同参画社会基本法**や，労働分野で**男女雇用機会均等法**，政治分野で男女共同参画推進法が制定されています。

〔男女共同参画社会基本法〕

女性の社会進出が進むなかで，男女共同参画社会を実現するには，仕事と育児・介護の両立をしやすい環境づくりが必要である。そこで，国や地方公共団体に男女共同参画社会の実現への取り組みを義務づけた法律をつくった。

〔男女雇用機会均等法〕

男女雇用機会均等法とは，職場での男女平等を確保して，男女が採用・賃金・労働条件などで差別を受けずに，家庭と仕事が両立できるように制定された法律のこと。

しかし，実際には男女間の賃金格差や，女性が妊娠，出産や育児のために仕事を中断するといった問題が残っている。

教科書の 答え をズバリ！

資料活用 p.45　「保母」から「保育士」に名称が変更された理由

例　「母」は女性を連想させる表現であり，男性も保育園で働いているので，男女の平等の観点から変更された。

資料活用 p.46　夫婦別姓の導入についてどう考えるか

例　夫婦で姓を統一すると，どちらかが銀行口座や運転免許証などの変更手続をしなければならず，仕事上の不都合を感じる可能性があるので，平等とは言えない。しかし，同じ姓になることで家族としての一体感をおぼえる人もいるので，どちらかを選ぶことができる選択的夫婦別姓がよいと考える。

確認しよう p.46　個人の尊重を実現するために必要な保障を本文から書き出す

あらゆる個人を同じ身分にある者として，分け隔てなく対応する，法の下での平等を保障する必要がある。

説明しよう p.46　女性差別の解消と男女共同参画のために行っている国の取り組みを説明する

例　女性は結婚や出産でキャリアが途絶えてしまう可能性が高く，そのため就業や出世などが男性よりも困難な場合がある。そのため国は，女性が就業または職場への復帰をしやすいように環境を整え，ワーク・ライフ・バランスを推進する企業を評価する取り組みを行っている。

CHECK!

確認したら✓を書こう

④ 日本社会の差別の現実

ポイント 日本社会には，アイヌの人々や在日外国人への差別，病気や障がいに対する差別が残っている。これらを解消するため，アイヌ施策推進法，ヘイトスピーチ解消法，障害者差別解消法などが定められている。

教科書ナビ

●47ページ 5行め
　アイヌの人々の伝統文化を復活・振興させるため，1997（平成9）年に**アイヌ文化振興法**が施行されました。

●47ページ 6行め
　2019年には，アイヌの人々を「先住民族」と明記し，アイヌの人々の誇りが尊重される社会づくりを財政的にも支援する**アイヌ施策推進法**が施行されました。

徹底解説

🔍〔アイヌの人々〕
　北海道を中心に日本列島北部などに居住する少数民族のこと。狩猟や漁業を主とする生活様式をもち，アイヌ語を言語としている。
　明治時代には政府によってアイヌの人々は日本人に編入され，同化政策によってアイヌ固有の歴史や文化を否定された。現在もアイヌの人々に対する差別や偏見が根強く存在し，問題となっている。

🔍〔アイヌ文化振興法〕
　1899年に成立した北海道旧土人保護法は和人の視点からアイヌ民族の救済や保護を定めた法律で，同化などが前提となっていた。そのため，国際的にみると民族差別的な性格があるとして問題になり，1997年にアイヌ文化振興法が成立した。
　アイヌ文化振興法は，正式には「アイヌ文化の振興並びにアイヌの伝統等に関する知識の普及及び啓発に関する法律」といい，アイヌの人々を固有の民族として位置づけ，国や地方自治体にアイヌ文化の継承者育成や啓発活動などに取り組むように義務付けられたが，2019年，アイヌ施策推進法の制定により廃止となった。

🔍〔アイヌ施策推進法〕
　アイヌ施策推進法は，正式には「アイヌの人々の誇りが尊重される社会を実現するための施策の推進に関する法律」といい，アイヌ文化振興法を廃止して2019年に施行された。アイヌの人々を先住民族として法的に位置づけ，アイヌ文化振興のために交付金制度の創設などが内容に盛り込まれた。
　これによりアイヌの伝統文化の普及や啓発，アイヌの人々の生活向上などが推進されている。一方で，アイヌの人々が主張してきた土地や資源に対する権利が明記されていないこと，生活や教育の具体的な支援策がないことなど課題も多い。

●47ページ 13行め

現在も，多くの**在日韓国・朝鮮人**が住んでいますが，（…）。

🔍〖在日韓国・朝鮮人〗

戦前の植民地政策で日本に移り住み，そのまま定住して生活をしている韓国・北朝鮮に国籍をもつ人々とその子孫をいう。教育や就職の差別，また，参政権がないことなど，現在でも社会においてさまざまな差別が残っている。

●48ページ 1行め

2016年に制定された**ヘイトスピーチ解消法**は，そうした問題解決への取り組みの一つです。

🔍〖ヘイトスピーチ解消法〗

2016年に施行された「本邦外出身者に対する不当な差別的言動の解消に向けた取組の推進に関する法律」の通称である。特定の人種や民族，身分などに属する個人や集団に対する中傷によって差別意識をあおったり，社会から排除したりする言動の抑止と解消を目的としている。しかし，罰則規定がないことや日本国籍を持つマイノリティーが対象外となることなど課題も多い。

●48ページ 18行め

そのようななか，2016年に，差別意識の解消と障がいのある人への合理的配慮を目指す**障害者差別解消法**が施行されました。

🔍〖障害者差別解消法〗

障害者基本法の基本理念に沿い，障害を理由とした差別の解消を目的とした法律。障害者が差別的な扱いを受けたり，困難を感じたりすることなく暮らせるように，国や自治体，事業者に対して合理的配慮を求め，障害を理由とした差別の禁止を義務づけた。合理的配慮は国や自治体の義務とされたが，事業者には義務づけされておらず，不当な差別が具体的になっていないことなど課題もある。

教科書の\答え/をズバリ！

資料活用 p.47　障がいがある人への差別解消を実現するために必要なこと

例　障がいがある人と障がいがない人がお互いに相手を尊重し，認め合い，共に社会を作ることが必要である。

確認しよう p.48　差別のない社会を目指して作られた法律を本文から書き出す

・アイヌ文化振興法
・アイヌ施策推進法
・ヘイトスピーチ解消法
・障害者差別解消法

説明しよう p.48　差別や偏見をなくすためにできることを説明する

例　差別や偏見を許さず，対等の人間として接し，相手の文化や伝統，民族の誇りなどを尊重していくこと。

よりよい社会を目指して

CHECK!
確認したら✓を書こう

偏見や差別をなくすために

<u>学習課題　偏見や差別をなくすためにより具体的な取り組みを考える。</u>

●「知る」努力と人権侵害

　第38回全国中学生人権作文コンテストで全国人権擁護委員連合会会長賞を受賞した作文では，障がいのある人の立場から，偏見や差別を防ぐための方法が提案されている。

● 差別や偏見は度合いに関係なく，人権侵害である。

● 障害について知らないことが障がいのある人と障がいのない人との間に壁を作り出すので，壁を取り払うためにはまずは知ることが必要である。

● 偏見と差別はお互いを知らないことで生まれる。

● これらのことは，障がいのある人に対する差別だけではなく，すべての差別に言えることである。

●ハンセン病療養所に保育園

　明治時代末から1996年まで，ハンセン病患者は国の政策によって療養所に隔離された。国は2001年に回復者（元患者）らに謝罪し，2008年にはハンセン病問題基本法を制定し，福祉の増進や名誉の回復のための政策を進めている。

● 2012年，ハンセン病の療養所内に保育園が開園した。

● 保育園の開園は，回復者の「子供たちの元気な声に囲まれながら生活したい」という声を受けて，実現した。

● 子どもを生み育てられなかった入所者への支援や，ハンセン病に対する偏見をなくすことなどに貢献することが期待されている。

●社会全体で差別をなくすために

被差別部落出身者との結婚に反対されるなど，社会には部落差別が残っている現状がある。

● 部落差別は，民主主義の世の中にあってはいけないものであり，あるはずのないものだという理屈が理解されない現状がある。

● 差別をしている側の社会全体と違うことをすると，自分たちが社会からつまはじきになると考えることは差別を蔓延させることになる。

深めよう

●三つの資料から一つを取り上げ，学んだことを説明してみる

　例　被差別部落出身者との結婚を家族に反対された女性から相談を受けた記者が感じたことについての資料から，みんなと違うことをして社会のつまはじきになることを恐れて，理屈が通らない差別を繰り返すことは，社会から偏見や差別をなくすために行われている国や自治体の積極的な対策を妨げる考えだということを学んだ。

⑤ 社会権

> **ポイント** 社会権を実現するため，日本国憲法は，生存権，教育を受ける権利，勤労の権利を保障している。そのうち勤労の権利では，労働者と雇用者が対等に交渉できるように労働基本権（労働三権）を保障している。

教科書ナビ

●51ページ 10行め
この思想に基づき保障される権利を**社会権**とよびます。

●51ページ 16行め
これを**生存権**とよび，生存権を具体化するのが**生活保護**です。

●52ページ 2行め
また，憲法26条は，**教育を受ける権利**を保障しています。

●52ページ 10行め
そこで，憲法27条は，**勤労の権利**を保障しています。

徹底解説

🔍【社会権】
資本主義経済が発展するにつれて，失業や貧困など深刻な社会問題が発生した。これらの問題を解決するため，国家の力によって人間らしく生きるための権利である社会権が基本的人権として認められるようになった。社会権は1919年にドイツのワイマール憲法において世界で初めて規定されたため，20世紀的権利ともいわれる。

🔍【生存権】
生存権は社会権の一つであり，憲法25条で「健康で文化的な最低限度の生活を営む権利」と規定され，保障されている。具体的には勤労や教育の機会が与えられる権利，健全な環境で健康に生きる権利などである。

🔍【生活保護】
生活が困窮している国民に対して，最低限の生活を保障するために国が行う保護のこと。生活扶助，教育扶助，住宅扶助，医療扶助，介護扶助，出産扶助，生業扶助，葬祭扶助の8つの扶助から成り立っている。1990年代半ば以降，不況と高齢化の影響で受給者が急増し，2004年には100万世帯を超えた。自治体によって保護率の格差が大きく，近年では生活保護費を抑制する動きがみられるなど課題も多い。

🔍【教育を受ける権利】
人間らしく生活するためには，教育によって知識や技術を身につける必要がある。そこで憲法26条では「その能力に応じて，ひとしく教育を受ける権利を有する。」と定められている。また，「義務教育は，これを無償とする。」と定められている。

🔍【勤労の権利】
国民は，生活のため，労働の機会を求める権利をもっており，国は働く意思があり，その能力を有する国民に対して働く場を提供しなくてはならない。憲法27条では，「すべての国民は，勤労の権利を有し，その義務を負ふ」と定められている。

●52ページ 15行め
また，労働者と雇用者が対等に交渉できるように，労働組合を作る権利（**団結権**）や，団体で交渉する権利（**団体交渉権**），団体で行動しストライキなどを行う権利（**団体行動権**）の**労働基本権（労働三権）**を保障しました。

🔍 **【団結権】**
労働者が労働組合を結成したり，労働組合に加入したりする権利のこと。一般の企業に勤める労働者だけではなく，公務員などにも認められているが，警察官や消防職員などには認められていない。

🔍 **【団体交渉権】**
労働組合のような労働者の団体が賃金や労働条件の改善などを求めて経営者と交渉を行う権利。

🔍 **【団体行動権】**
経営者との団体交渉がまとまらない場合，労働者が要求を通すためストライキなどの争議行為を行う権利。

🔍 **【労働基本権（労働三権）】**
団結権，団体交渉権，団体行動権をまとめたよび方。憲法28条の条文には「勤労者の団結する権利及び団体交渉その他の団体行動をする権利は，これを保障する。」と書かれており，三つの権利をまとめて保障している。

教科書の 答え をズバリ！

資料活用 p.51 **入院中に学習できるのは，どのような権利が保障されているからか**

例 社会権の一つである「教育を受ける権利」（憲法26条）。

資料活用 p.52 **生活保護の受給世帯数が増加しているのはいつごろからか**

例 1995年ごろから受給世帯数が増加している。

資料活用 p.52 **労働に関する権利がなかったらどうなるか**

例 労働に関する権利がなかった場合，労働者の立場が弱いままで，労働者にとって不利な労働条件で働くことになる。

確認しよう p.52 **憲法25条ではどのような生活を営む権利を保障しているか本文から書き出す**

健康で文化的な最低限度の生活

説明しよう p.52 **憲法で保障されている社会権の具体的な権利を説明する**

例 健康で文化的な最低限度の生活を保障する生存権，教育を受ける権利，働いて賃金を得ることを保障する勤労の権利，それに伴って労働者と雇用者が対等な立場となることを保障する労働基本権が定められている。

教科書 53〜54ページ

⑥ 政治に参加する権利と人権を守るための権利

確認したら✓を書こう

> **ポイント** 国は公共の福祉を実現するためにある。そのため，権力の独占を防ぐため参政権を保障し，不当に自由を制限しないように国務請求権を保障している。一方で，自由を保護するために三つの義務を定めている。

教科書ナビ

●53ページ 1行め

国家は，（…），公共の福祉の実現のためにあります。

●53ページ 14行め

そこで，憲法は，国民に選挙で代表を選ぶ権利（選挙権）とみずから選挙に立候補する権利（被選挙権）などの参政権を保障しました。

●54ページ 8行め

こうした権利を国務請求権とよびます。

徹底解説

🔍【公共の福祉】

公共の福祉とは，「社会全体の利益」のことである。

例として，「高速道路を建設する際，国が個人の私有地である土地や家を買い上げて，移転を求める。」「感染症が拡大しないようにするため，患者を一時的に隔離する。」などが挙げられる。

ただし，何が公共の福祉にあたるかは判断が難しいため，基本的人権を制限する場合は，慎重な配慮が必要である。

🔍【選挙権（被選挙権）】

選挙権と被選挙権は，参政権の中心となる権利である。

①選挙権（憲法15，44，93条）…国民が代表者を選ぶ権利のことで，18歳以上のすべての国民に認められた権利。

②被選挙権（憲法44条）…選挙において候補者として立候補する権利。25歳または30歳以上のすべての国民に認められている。

🔍【参政権】

国民が政治に参加して，主権を行使する権利のことで，選挙権が中心となる。そのほかには，

①公務員の選定・罷免の権利（憲法15条）

②最高裁判所裁判官の国民審査権（憲法79条）

③特別法の住民投票権（憲法95条）

④憲法改正の国民投票権（憲法96条）

がある。

🔍【国務請求権】

国民の権利を実現するため，国や地方公共団体に対して救済を要求して積極的な活動を促す権利のことで，請願権や裁判を受ける権利のほか，おもに以下の二つがある。

①国家賠償請求権（憲法17条）…公務員の不法行為で損害を受けた場合は，国や地方公共団体に対して，損害賠償を求めることができる権利。

②刑事補償請求権（憲法40条）…刑事被告人が抑留・拘禁された後で無罪判決を受けた場合，国に対して補償を求めることができる権利。

◯54ページ 8行め
具体的には，(…) 請願権，(…) 裁判を受ける権利などが保障されています。

🔍【請願権】
国や地方公共団体に対して，政策や権利の救済などさまざまな要望をする権利のこと。憲法16条で保障されている。

🔍【裁判を受ける権利】
権利が侵害されたとき，国民はだれでも裁判を受けることができる権利のこと。憲法32条で保障されている。

◯54ページ 14行め
まず，(…) 普通教育を受けさせる義務を定めました。

🔍【普通教育を受けさせる義務】
国民の三大義務の一つ（憲法26条②）。子どもの教育を受ける権利を保障するため，保護者は子どもに普通教育を受けさせる義務を負っている。

◯54ページ 17行め
そこで，勤労の義務を定めました。

🔍【勤労の義務】
国民の三大義務の一つ（憲法27条①）。国民は働く機会を求める権利をもつ一方で，仕事を通じて社会的な責任を果たす義務を負っている。

◯54ページ 18行め
さらに，(…)，納税の義務を定めました。

🔍【納税の義務】
国民の三大義務の一つ（憲法30条）。国民は，国や地方公共団体に税金を納める義務を負っている。

教科書の\答え/をズバリ！

資料活用 p.53 投票の機会が広がることは，どのような意味があるか
例 より多くの国民が選挙で投票できるようになるので，国民の権利である参政権を守り，国民の意思を政治に強く反映させることができる。

資料活用 p.53 どのような考えに基づく制限か
例 公共の福祉の考えに基づいて，感染の拡大を防ぐために制限をしている。

確認しよう p.54 人権を守るための権利を本文から二つ書き出す
・参政権
・国務請求権

説明しよう p.54 国務請求権について説明する
例 国務請求権とは，国家に対して，国民の権利を実現する積極的な活動を促すために保障された権利である。

CHECK!
確認したら✓を書こう

❼ これからの人権を考える

ポイント 社会や技術の変化によって，プライバシーの権利や知る権利，自己決定権，環境権，日照権などの新しい権利の保障が必要となっている。また，日本に生活する外国人に対しても権利を保障する必要がある。

教科書ナビ

● 55ページ 5行め
新しい人権の代表例は，**プライバシーの権利**です。

● 55ページ 15行め
これが**知る権利**です。

● 55ページ 16行め
知る権利を具体化するために，**情報公開法**や情報公開条例が定められています。

● 56ページ 4行め
そこで，患者自身に治療法を選ぶ権利（医療における**自己決定権**）を保障すべきと考えられるようになりました。

徹底解説

🔍〔プライバシーの権利〕
私生活の情報を他人に知られないようにする権利のことをいう。近年は報道やインターネット上で私生活の情報が公開され，悪用される問題が起こっている。そこで個人の尊重や幸福追求権（憲法13条）に基づいて，プライバシーを守る権利が主張されるようになった。

🔍〔知る権利〕
国や地方公共団体がもつ情報を，国民が知ることができる権利のことをいう。国民が政治に対して正しい判断をするために，行政機関の情報を知ることは重要である。

🔍〔情報公開法〕
国が持っている情報を国民が知ることができるようにする法律。これにより，国の行政文書は原則として公開することが義務づけられた。

🔍〔自己決定権〕
個人の生き方や医療における治療方法などの選択において，個人の決定が尊重されるという権利。医療の分野では，末期がん患者の治療の拒否や，輸血の拒否なども自己決定権に含まれるとする考え方がある。また，死後の臓器提供についての生前の意思表示も自己決定権に含まれる。

①臓器提供意思表示カード…脳死状態や心臓が停止した死後に臓器を提供するかしないかの意思を表示するカードのこと。インターネットによる登録のほか，健康保険証，運転免許証，マイナンバーなどに記入する方法がある。

②インフォームド・コンセント…医師が患者に対して，治療法の内容や種類，問題点などをすべて説明した上で，患者本人の意思を反映させて治療方針を決めていくこと。

●56ページ 8行め
このようななか，良好な環境で生きる権利（環境権）や十分な日照の家に住む権利（日照権）なども，人権として保障すべきとの議論が出てきています。

🔍 〔環境権〕
経済発展や科学技術の進歩により，公害や自然環境の破壊などが大きな問題となるなかで，生存権（憲法25条）や個人の尊重・幸福追求権（憲法13条）に基づいて，環境権が主張されるようになった。現状では，憲法上で環境権そのものを認めるには至っていないが，近年では地方公共団体の条例で環境権を認めるものが多くなっている。

🔍 〔日照権〕
太陽の光（日照）を一定時間住宅に確保する権利のこと。環境権の一つであり，近年，高層ビルが多くなるなかで，認められるようになった権利である。侵害したと認められた場合，建物の撤去や損害賠償を求めることができる。

教科書の答えをズバリ！

資料活用 p.55　防犯カメラの設置についてどう考えるか

例　犯罪の監視や犯人の逮捕に役立つと思うが，カメラの画像が個人のプライバシーを侵害しないようにするため，しっかりとした取り決めが必要だと思う。

資料活用 p.56　建物の壁が斜めになっているのはなぜか

例　近隣の建物に住む人の日照権を侵害しないようにするため。

確認しよう p.56　憲法13条はどのような人権の根拠かを本文から書き出す

生命・自由への権利，幸福追求権の一種として，新しい人権を保障する根拠とされています。

説明しよう p.56　人権としてこれから新しく保障したらよいものを一つ挙げて説明する

例　プライバシーの権利。なぜなら，SNSなどインターネット上で個人情報が勝手に公開されたり，利用されたりすることで人権を侵害されるおそれがあるから。

振り返ろう p.56　「個人の尊重」という言葉を用いて，基本的人権の保障が大切な理由を説明する

例　個人の尊重を実現するためには，国民の基本的人権が保障されることが必要不可欠であるため，大切にされている。

アクティブ公民

CHECK!
確認したら✓を書こう

青果店を営む男性はどうなる？
〜個人の尊重と公共の福祉から考える〜

やってみよう1 p.57

1　道路拡張を巡るAさんとB市の主張は，それぞれどの権利が対立しているか考える

Aさんの主張と権利	B市の主張と権利
主張 　親の代からずっとこの土地で青果店を営み，お得意さんがいるので別の土地に移転して営業するのは難しい。 **権利** 財産（土地など）を所有する権利	**主張** 　道路を拡張すれば多くの住民が安全に暮らすことができるため，補償を受けて立ちのいてほしい。 **権利** 公共の福祉のため，個人の財産権を制限する権利

2　B市はAさんを立ちのかすことができるか，理由とともに考える

　例　B市はAさんを立ちのかせることができる。なぜなら，道路拡張はあらゆる人の快適さにつながるため，公共の福祉と考えられ，公共の福祉の実現による人権の制限は認められているからである。

やってみよう2 p.58

AさんとB市の主張は，憲法29条のどの規定に基づく主張か確認する

第29条 ［財産権］
①財産権は，これを侵してはならない。
②財産権の内容は，公共の福祉に適合するやうに，法律でこれを定める。
③私有財産は，正当な補償の下に，これを公共のために用ひることができる。

Aさんの主張	B市の主張
土地の所有権は，憲法29条①の財産権に基づいている。	憲法29条③の財産権の制限に基づいている。

やってみよう3 **p.58**

1 さまざまな視点を参考にAさんの立ちのきの是非について考える

例 Aさんの主張は，公共の福祉によって制限されると考えていたが，人権の視点から財産権を尊重するべきという意見，社会の発展の視点からAさんの店がB市の市民の生活を維持するために必要であるという意見から，「公共の福祉にあたらない」という考えを慎重に検討する必要があると思う。

2 1について他の人と意見交換をする（省略）

3 AさんとB市の将来の姿を想像し，どのような解決がそれぞれのためになるか

例 Aさんの財産権や勤労の権利を侵害せずに青果店を営みつづけることができ，B市は市の発展や市民の安全を確保するために市の計画を立てていくことが求められる。よりよい合意に至るために，B市は責任をもってAさんの権利を維持できるような移転先や補償金額を提示することがそれぞれのためになる。

技能をみがく

・ディベートで議論を深めよう

今回のケースでは，Aさんの財産権の保障（憲法29条①）とB市の財産権の制限（憲法29条③）が対立している。B市が公共の福祉（憲法29条②）によって財産権を制限できるかが問題となっている。

Aさんの立場…公共の福祉にあたらない

例

・Aさんが別の土地で新しい店を始めるのは難しい。

・店がなくなると買い物ができなくて困る人たちが出てくる。

B市の立場…公共の福祉にあたる

例

・道路を拡張することで事故が減り，市民が安全に暮らすことができる。

・道路を拡張することは市の経済が活性化することにつながる。

① 権力の分立

> ポイント
> 日本国憲法では，国家権力の濫用を防ぐため，国会に立法権，内閣に行政権，裁判所に司法権を分担させる三権分立をとっている。権力の分立を正しく機能させるため，国民は選挙や国民審査を行っている。

教科書ナビ

● 59ページ 17行め
これが，**権力分立**です。

● 60ページ 1行め
立法・行政・司法の三つを分け，それぞれ別の機関に担わせる権力分立の方法を**三権分立**といいます。

徹 底 解 説

〔権力分立〕

国家権力をそれぞれ独立の機関に分担させることで，お互いに抑制・均衡の作用を通じて権力の集中と濫用を防止しようとする考え方のこと。通例では，立法・行政・司法の三部門に分担させる。モンテスキューによって，人権保障の思想とともに，近代民主政治の基本的な考えとされた。

〔三権分立〕

近代の民主政治は，国家権力が立法，行政，司法の三つに分かれていても，特定の権力が強ければ分立の意味をなしていない。三つの権力が互いに等しく抑制する関係をもっていて，全体として権力のつり合いが取れていることが大切である。

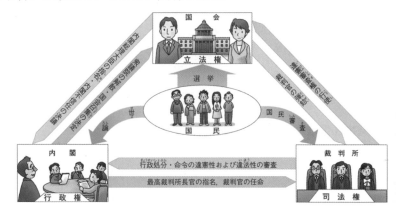

〔立法〕

公共の意思を反映した法を制定すること。議会が立法権をもっている。議会は，活動が法に基づいたものでなくてはならないという法治主義の考えと，法が公共の意思を反映していなければならないという法の支配の理念の下で，法を制定しなければならない。

○60ページ 1行め
立法・行政・司法の三つを分け，それぞれ別の機関に担わせる権力分立の方法を三権分立といいます。

🔍【行政】
行政とは，立法によって成立した公共の意思や目的に基づき国や公共団体の機関が業務を行うことである。内閣が行政機関としての権限をもち，警察・消防・教育などの実行が委ねられているが，議院内閣制で立法権をもつ国会の議員が内閣総理大臣となる日本では，行政を明確に定義することは難しい。近年では，行政事務の拡大と複雑化によって行政の権限が拡大し，政治と行政の関係が課題となっている。

🔍【司法】
立法，行政に対して裁判所に与えられている権限。日本国憲法76条1項において「すべて司法権は，最高裁判所及び法律の定めるところにより設置する下級裁判所に属する」と定められており，さまざまな争いごとを解決するために法律に基づいた判断と適用を行っている。

○60ページ 18行め
また，最高裁判所の裁判官には，国民審査が行われます。

🔍【国民審査】
最高裁判所の裁判官15名が，その職に適任かどうかについて，国民の投票を受けることをいう。任命直後とその後10年経過した後，初めて行われる衆議院議員総選挙の際に同時に行われ，×（罷免可）の投票数が，罷免不可の投票数を超えた場合，その裁判官は罷免される。今までに国民投票で罷免された裁判官はいない。

教科書の\答え/をズバリ！

資料活用 p.59 国王が権力を独占することで起こる問題は何か

例 国王や国王の親族や友人にとって有利な社会となり，国民が困る。

資料活用 p.60 国民と三権がどのような関係にあるか考える

例 国民は三権の分立が十分に働かない状況となると，世論や選挙，国民審査を通して権力の濫用を防ぐ。

資料活用 p.60 これまで国民審査で罷免された裁判官は何人か調べる

0人

確認しよう p.60 国家権力を一つの機関に独占させるとどうなるか本文から書き出す

国家権力を一つの機関に独占させると，権力の濫用を正せない。

説明しよう p.60 権力分立を働かせるために国民ができることを説明する

例 選挙で不適格な国会議員を交代させたり，選挙結果や世論によって国会を通じて内閣をコントロールしたり，国民審査によって最高裁判所の裁判官を罷免させたりすることができる。

② 憲法の保障・改正と私たち

ポイント 憲法は国の最高法規であり，これを維持していくために違憲審査や憲法改正の手続の厳格化などの憲法保障がなされている。憲法改正は，国会での発議を経て，国民投票で過半数の賛成が必要とされている。

教科書ナビ

●61ページ 1行め
憲法は国の最高法規であり，（…）。

●61ページ 5行め
権力者の憲法違反をやめさせ，憲法を維持することを憲法保障といいます。

●61ページ 12行め
また，司法による違憲審査も，憲法保障のための重要な制度です。

●61ページ 13行め
憲法81条は，最高裁判所（最高裁）が，（…）。

●61ページ 15行め
最高裁は，憲法の番人なのです。

●62ページ 6行め
国民主権の下では，憲法改正は，（…）。

徹底解説

【最高法規】
すべての法律や命令は，憲法に反することができない。憲法98条では，憲法に反する法律や命令などはすべて無効になると規定されている。そのため憲法は国の最高法規といわれる。

【憲法保障】
憲法保障は，権力者の憲法違反を排除し，憲法がもつ最高法規性を維持することであり，以下の二つに大きく分けられる。
①憲法内で定められているもの…権力分立制（41，65，76条），違憲審査（81条），憲法改正の手続（96条），基本的人権の本質（97条），最高法規の遵守（98条），憲法尊重擁護の義務（99条）。
②憲法にないが超憲法的に根拠づけられているもの…抵抗権，国家緊急権（戦争などの非常事態において国家を維持するために憲法を一時停止して非常措置をとる権限のこと）。

【違憲審査】
裁判所が法律・命令・規則または行政処分が日本国憲法に違反していないかどうか審査し，決定することで，憲法保障の一つである。ただし，権力を分立させるために国会の裁量にあたるものや高度な政治的行為については審査していない。

【最高裁判所】
日本国憲法に基づいて設置された司法権の最高機関で東京に1か所のみある。高等裁判所や地方裁判所などの下級裁判所は最高裁判所の決定に従わなければならない。

【憲法の番人】
違憲審査の最終判断をする権限をもつ最高裁判所をさす言葉。憲法81条では「最高裁判所は，一切の法律，命令，規則又は処分が憲法に適合するかしないかを決定する権限を有する終審裁判所である。」と定めている。

【憲法改正】
憲法の改正には，全面的に書き改める全部改正と，条項の追加や削除など一部を書き改める部分改正とがある。いずれも憲法96条で定められた憲法改正の手続を踏んで，改正される。

○62ページ 7行め

そこで，憲法96条は，（…）国民投票で過半数の賛成が必要だと定めています。2007（平成19）年に制定された**憲法改正国民投票法**で（…）。

🔍〔国民投票（憲法改正国民投票）〕

国民投票は国民の意思を政治に直接反映する手段の一つ。国民投票は，具体的な手続を定めた憲法改正国民投票法により行われる。

・投票年齢…満18歳以上の日本国民。
・実施時期…憲法改正の発議から60日から180日以内。
・憲法改正の承認…有効投票数の過半数以上。

その他，憲法の改正案ごとに一人一票ずつ投票権があるなど。

○62ページ

6日本国憲法が改正されるまで

🔍〔日本国憲法が改正されるまで〕

政府や議員によって憲法改正原案が国会に提出されると審議のち，各議院の総議員の3分の2以上の賛成で「改正の発議」がなされる。その後，憲法改正案に対する国民投票が行われ，有効投票の過半数の賛成が得られれば改正案は成立し，天皇が国民の名において公布する。

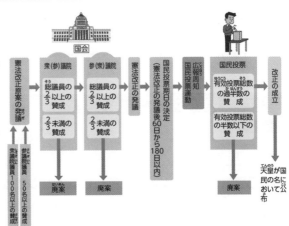

▲日本国憲法が改正されるまで

教科書の 答え をズバリ！

資料活用 p.61 裁判所と国会はどのような関係にあるか

例 女性のみに再婚禁止期間を設けた民法の違憲性・違法性を裁判所が裁判を通して審査して，違憲と判断した。その判決を受けて，国会では民法を改正した。

確認しよう p.62 憲法改正の発議に必要な賛成の条件を本文から書き出す

各議院（衆議院と参議院）の総議員の3分の2以上の賛成

説明しよう p.62 憲法保障のために国民ができることを説明する

例 憲法を維持するために権力者を監視し，憲法に反する考えを持つ人を選挙で当選させないようにしたり，辞任させたりする。

振り返ろう p.62 「権力分立」という言葉を用いて，憲法で規定されている国の統治に関する大切な考え方を説明する

例 権力分立を憲法に規定することで，国による権力の濫用を抑制してバランスのよい統治を行わせるという考え方。

CHECK!

確認したら✓を書こう

日本国憲法

１ 学んだことを確かめよう

A ①…民主主義　②…立憲主義　③…法の支配　④…主権
　 ⑤…個人の尊重　⑥…自由権　⑦…法の下の平等　⑧…公共の福祉
　 ⑨…権力分立　⑩…憲法保障

B ①表現　②職業　③逮捕　④法
　 ⑤教育　⑥選挙　⑦裁判　⑧納税

●「学習の前に」を振り返ろう

①例　段差を登れずに困っている車いすの女性（D－3）

②例　障がいのある人の自由な移動が保障されていないので，差別されない権利に関係すると
　　 考えられる。

２ 見方・考え方を働かせて考えよう

ステップ1①

自分の考えを整理しよう

> **日本国憲法に基づいた政治が行われることの意義**
> ● 国民主権が定められているので，憲法に基づいて国家権力を行使させることができ，
>   権力の濫用を防ぐことができる。
> ● 平和主義に基づいた外交が行われる。
> ● 基本的人権の尊重に関する規定があり，法の下での平等が保障されているので，個人
>   の自由に委ねられる領域に国家が介入することができない。
> ● 平等権や社会権が保障される。
> ● 憲法の規定によって司法権・行政権・立法権を分立させることで，権力を濫用した政
>   治を防ぐことができる。

ステップ1②

> **私が考える特に大きな意義**
>
> 　憲法の規定によって，司法権・行政権・立法権
> を分立させることで，権力を濫用する政治を防ぐ
> ことができる。

> **理由**
>
> 　分立した権力がそれぞれ抑制しあう
> ことで，個人の権利や自由を侵害する
> ような法律の制定や政治を行うことが
> できないようになるから。

> **根拠となるページ**
>
> p.59〜62

ステップ2②

自分の考えに足りなかった事柄や見方・考え方

　個人の権利や自由を侵害させないことは，個人の尊重を実現させるために必要な基本的人権の保障にとって重要であるという視点。

　権力の分立は，法の支配の理念にのっとった行政や立法を実現することができるという視点。

ステップ3

日本国憲法に基づいた政治が行われることの意義は何か説明してみよう。

　政治が日本国憲法に基づいて行われていることには，（例　権力を分立させることで国家による権力の濫用を防ぐ）という意義がある。なぜなら，（例　個人の権利や自由を確保することは個人の尊重を実現するために必要であり，法の支配に基づく行政や立法機関の運営にとっても有意義だ）からである。

第4部2章への準備

① 　例　駅の構内にエレベーターが少なく，通路に段差が多いところ。

② 　例　鉄道会社が駅構内のバリアフリー化をすすめて，障がいのある人や高齢者，子ども連れの人が利用しやすいようにエレベーターを増やす必要がある。

③ 　例　障がいのある人や高齢者などの視点に立って，住んでいる地域で不便と感じたところを改善するように要望したり，積極的に手助けをしたりする。

一問一答 ポイントチェック

答え

第1節 p.29〜40 民主主義と日本国憲法	
❶民主主義において，より多くの人々の考え方を反映する意思決定の方法を何というか？	❶多数決
❷国家が存続するために国民に対して発揮する強制力のことを何というか？	❷国家権力
❸すべての人間が生まれながらにもつ権利のことを何というか？	❸基本的人権
❹日本政府が1946年11月3日に公布した新しい憲法を何というか？	❹日本国憲法
❺政治のあり方を最終的に決めるのは国民であるということを何というか。	❺国民主権
❻核兵器を「持たず，作らず，持ち込ませず」という日本の核兵器政策の基本方針を何というか。	❻非核三原則

第2節 p.41〜58 基本的人権の尊重	
❼自由権を大きく三つに分けると，精神の自由と経済活動の自由とあと一つは何か？	❼生命・身体の自由
❽法律上平等に取り扱われる権利を何というか。	❽平等権
❾障がいを理由とした差別の解消を目的とした法律を何というか？	❾障害者差別解消法
❿国家の力によって人間らしく生きるための権利を何というか？	❿社会権
⓫憲法25条で「健康で文化的な最低限度の生活を営む権利」と規定され，保障されている権利を何というか。	⓫生存権
⓬国民が政治に参加して，主権を行使する権利のことを何というか。	⓬参政権
⓭国や地方公共団体に希望を述べることができ，それによって差別を受けることがない権利を何というか？	⓭請願権
⓮私生活の情報を他人に知られないようにする権利のことを何というか？	⓮プライバシーの権利

第3節 p.59〜64 法の支配を支えるしくみ	
⓯国家権力をそれぞれ独立の機関に分担させることで，お互いに抑制・均衡の作用を通じて権力の集中と濫用を防止しようとする考え方を何というか。	⓯権力分立
⓰立法によって成立した公共の意思や目的に基づき国や公共団体の機関が業務を行うことを何というか。	⓰行政
⓱裁判所が法律・命令・規則または行政処分が日本国憲法に違反していないかどうか審査することを何というか。	⓱違憲審査
⓲憲法に基づいて設置された司法権の最高機関を何というか？	⓲最高裁判所
⓳国民の意思を政治に直接反映する手段の一つを何というか。	⓳国民投票

学習の前に

みんなが暮らしやすい社会をつくってみよう

CHECK!
確認したら✓を書こう

やってみよう p.65 　次の①～④の場面がどちらの候補者の予想図にあたるか（　）にア，イの記号を入れる。

現在の「はるの市」

現在の「はるの市」(→ p.27～28)

道ひろよ候補の主張

　「まち並み通り」は交通量が多く，事故も増加しているので，交通事故対策として拡張する。

空地タテオ候補の主張

　交通事故対策としてバイパスを建設し，「まち並み通り」の古いまち並みを残す。

ア　道ひろよ候補の改善予想図

イ　空地タテオ候補の改善予想図

---

①　市の中心を通る道路が開通しています。

（　ア　）

②　市のはずれを通る道路が開通しています。

（　イ　）

③　まち並み通りの古民家が残っています。

（　イ　）

④　自然公園が残っています。

（　ア　）

CHECK!
確認したら✓を書こう

① 国民の願いを実現するために

ポイント
社会の対立を調整し，よりよいものにする働きを政治という。日本は間接民主制により自分たちの意思を代弁してくれる国会議員を選挙で選び，国会議員は国会で討議を行う。これを議会制民主主義という。

教科書ナビ

●67ページ 4行め

このような，（…），社会全体の利益を増進させていく働きが**政治**です。

●67ページ 16行め

社会が大規模になり，（…），**直接民主制**を国の政治のすべてにおいて行うことはできません。

●68ページ 1行め

そこで，選挙によって自分たちの意思を代表する人たちを選び，法律を定める力をその人たちに委ねるという制度（**間接民主制**）が必要になります。

●68ページ 3行め

このような代表者が国全体から集まって，国民の願いを実現するために討議する所が**国会（議会）**です。

徹底解説

🔍 〔政治〕

社会生活において人々の意見や利害が対立したときに，それを調整し，社会全体の秩序を守り，社会全体の利益を増進させていく働きのこと。国家や地方公共団体が行うことをさす場合が多い。

🔍 〔直接民主制〕

すべての国民が，直接政治に意思を反映させる方法のことを直接民主制という。実際の国家の規模では不可能であるが，国や地方の政治の一部には取り入れられている。

・国の政治…憲法改正の国民投票，最高裁判所裁判官の国民審査など。

・地方の政治…首長や地方議会議員の解職請求（リコール），地方議会の解散請求，地方議会で成立するきまりの制定の請求，改廃など。

🔍 〔間接民主制〕

国の広さや人口の多さを考えると直接民主制は不可能である。その代わり国民が選挙を通じて自分たちの代表者を選び，選ばれた代表者が政治を行う制度を間接民主制という。国民は，選挙を通じて代表者候補の政策や政権を選ぶことで，政治に参加している。

▲直接民主制と間接民主制

🔍 〔国会（議会）〕

選挙で選ばれた国民の代表者である国会議員によって構成され，法律の制定や予算などを審議・討議・採決して決める機関である。現在，多くの国が国会（議会）を中心として国家の運営を行っている。日本の国会は衆議院と参議院の二院制だが，世界には一院制の国もある。また，国会と行政府の関係においても日本のような議院内閣制の国とアメリカ合衆国のような大統領制の国とがある。

●68ページ 4行め
こうした制度は**議会制民主主義**とよばれます。

🔍【議会制民主主義】
国民の代表者で構成される議会を中心として，国民の意思を反映した政治を行う制度。議会（国会）は国家にかかわる重要事項を議論して法律を制定している。

現在，多くの国が議会制民主主義を採用している。間接民主制と同じ意味で使われることも多い。

●68ページ 12行め
国会は，主権者である国民から選挙によって選ばれた**国会議員**で構成されています。

🔍【国会議員】
選挙で選ばれた国民の代表者のこと。日本で国会議員になるためには，衆議院議員選挙か参議院議員選挙に立候補して，選挙区または比例代表区から選ばれる必要がある。

国会議員は，特定の地域や団体の代表ではなく，全国民の代表とされている。

教科書の\答え/をズバリ!

資料活用 p.67 **多くの人が集まって挙手をしている理由**

例 スイスの一部の州では有権者全員が集まり，州の政治にかかわる問題などを討議して，挙手で採択をとる直接民主制を採用しているから。

資料活用 p.67 **法律がなかったらどうなるか**

例 交通ルールがなくなるので，車や人が勝手に行動するようになり事故が発生する。

資料活用 p.68 **二つの制度の違いに着目する**

・直接民主制…例 国民が国の在り方についての決定を直接議論したり採決したりする。

・間接民主制…例 国民は選挙によって自分たちの意思を代表する人たちを選び，選ばれた人たちが議会で国の在り方について議論したり採決したりする。

確認しよう p.68 **国民の願いを実現するための制度を本文から二つ書き出す**

・直接民主制

・間接民主制

説明しよう p.68 **国会は国民の願いを実現するうえでどんな役割をしているか説明する**

例 国会は法律を制定することで，国や地方公共団体の権力を規制して国民の自由や権利を守ったり，国民の要望を実現したりしている。

② 世論とマスメディア

ポイント 世論は政策や選挙に影響を与えている。政治家は公約を掲げ，政権を取ったときの約束をマニフェストで明確にしている。また，マスメディアから得た情報を冷静に判断するメディアリテラシーが必要である。

教科書ナビ

徹底解説

○69ページ 2行め
政治に関する人々の意見を**世論**といいます。

🔍【世論（せよろん）】
社会のさまざまな問題について，多くの国民によって共有されている意見のこと。民主政治は，主権者である国民の意思に基づいて行われる。したがって，世論を尊重することは，民主政治の基本であり，世論が国の政策に大きな影響を与えている。

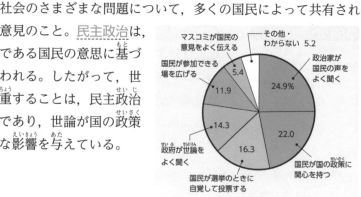

その他・わからない 5.2
マスコミが国民の意見をよく伝える 5.4
国民が参加できる場を広げる 11.9
政治家が国民の声をよく聞く 24.9%
政府が世論をよく聞く 14.3
国民が選挙のときに自覚して投票する 16.3
国が国の政策に関心を持つ 22.0

▲民意はどうすれば政治に反映させられるか
（社会意義に関する世論調査 令和2年）

○69ページ 7行め
選挙のとき，政治家が有権者に行う約束のことを**公約**といいます。

🔍【公約】
選挙の際に，候補者が有権者に対して，当選後に実現すると約束した政策のこと。候補者個人の政策というよりも，所属する政党などの政策をもとにして作成されることが多い。

公約は，有権者にとって，投票の際の重要な判断基準となる。

○69ページ 8行め
最近では，政権を取ったときに実現する約束のことを**政権公約（マニフェスト）**とよぶこともあります。

🔍【政権公約（マニフェスト）】
公約の一つであるが，本来は宣言とか声明書を意味する言葉であり，近年は，各政党が政策を明確にするための声明書の意味で使われることが多い。マニフェストに書かれた政策は政党や候補者が責任をもって有権者に実現を約束するもので，実施期限や財源なども明記した，重みのあるものが求められている。

○69ページ 10行め
世論と政治を結ぶ役割を果たすのが，テレビや新聞などの**マスメディア**です。

🔍【マスメディア】
不特定多数の大衆に対して，大量の情報を伝達する手段や機関のこと。新聞，雑誌，ラジオ，テレビなどをさす。マスメディアは国民に多くの情報を提供することで，世論の形成に大きな影響を与えている。そのためマスメディアは，国会の立法権，内閣の行政権，裁判所の司法権に次ぐ第4の権力とよばれることがある。

●70ページ 4行め
そこで，（…）信頼
できる情報は何かを冷
静に判断する力（メ
ディアリテラシー）が
必要になります。

🔍 〔メディアリテラシー〕

現代のような高度に情報化された社会において，ただマスメディアの情報を受け入れるだけでは誤った情報に惑わされてしまい危険である。そこでみずから複数の情報源にあたり，情報を比較・検討して読み解く力=メディアリテラシーが必要になるのである。

●70ページ
③インターネットを
用いた選挙運動の可否

🔍 〔インターネットを用いた選挙運動〕

2013年からインターネットを使った選挙活動が解禁された。ホームページやソーシャルメディアを使って政治家と有権者が意見をやり取りできたり，自分たちの活動や政策などを若い世代の有権者にも発信できたりといった利点がある一方で，うその情報や中傷も増える危険がある。インターネット上でも情報を主体的に読み解く力(ネットリテラシー)が必要になる。また，インターネットでの政治活動が活発になると，情報通信機器を持たない人は情報を得ることが難しくなり，格差が生じるというデメリットもある。

教科書の\答え/をズバリ！

資料活用 p.69 政治の動きをどのようにして知ることができるか

例 テレビや新聞などのマスメディアや，政治家や政党がみずから行う情報発信によって知ることができる。

資料活用 p.69 民意を政治に反映させるにはどのような方法が効果的と考えているか

例 政治家が国民の声をよく聞いたり，国民が国の政策に関心を持ったりすることが効果的と考えられている。

確認しよう p.70 マスメディアが政治において果たしている役割を本文から書き出す

世論と政治を結ぶ役割

説明しよう p.70 マスメディアの報道について気をつけなければならないことを説明する

例 マスメディアがつねに正しい情報を伝えているとは限らないので，情報をうのみにせず自分で冷静に判断しなければならない。

技能をみがく

・新聞について知ろう

1 新聞の特徴について知ろう

①概観しやすい…紙面の構成などを工夫して，短時間で概観できるようになっている。

②信頼性がある…取材した情報を基に，事実関係の確認を経て作成される。

③保存しやすい…記事を切り抜いて保存して繰り返し閲覧できる。また，図書館などでも閲覧できる。

2 新聞の構造について知ろう

新聞の面には1面，総合・政治面，国際面，経済・金融面，スポーツ面，文化面，地方面，社会面などがある。

やってみよう1 p.72

1 事実に当たる部分に印をつける

> 　最初の関門突破だ。探査機「はやぶさ2」が小惑星リュウグウへの着陸に成功した。試料採取のための弾丸を発射したことを示すデータも届いた。
>
> 　地球に戻る予定の20年末までに，あと2回の着陸と人工クレーターの生成という前例のない試みが控える。(中略)
>
> 　停滞気味の日本の科学界にあって，光明を見る思いだ。(後略)
>
> 　　　　　　　　　　　　　　　　　　　(2019年2月23日　朝日新聞，社説)

2 執筆者の意見に当たる部分に別の色で印をつける

> 　最初の関門突破だ。探査機「はやぶさ2」が小惑星リュウグウへの着陸に成功した。試料採取のための弾丸を発射したことを示すデータも届いた。
>
> 　地球に戻る予定の20年末までに，あと2回の着陸と人工クレーターの生成という前例のない試みが控える。(中略)
>
> 　停滞気味の日本の科学界にあって，光明を見る思いだ。(後略)
>
> 　　　　　　　　　　　　　　　　　　　(2019年2月23日　朝日新聞，社説)

3 意見によって，読者の受ける印象はどう変わるか

例　記事には，日本の科学界の停滞について不安に思う執筆者が，「はやぶさ2」の功績に期待する意見を書いているので，読者は記事から「はやぶさ2」の功績が停滞していた日本の科学界を救ってくれるのではないかと明るい印象を受ける。

③ 政党の役割

ポイント：政党のうち政権を担う政党を与党，それ以外を野党といい，野党は与党の政策を監視している。政党を中心に国会の運営を行うことを<u>政党政治</u>といい，近年は複数の与党からなる<u>連立政権</u>の状態が続いている。

教科書ナビ

徹底解説

● 73ページ 2行め
国会では，議員の多くが**政党**に所属しています。

Q【政党】
政治に対する考え方（主義）が同じ人たちにより，政策の実現をめざして組織される政治団体のこと。議会政治の発達とともに形成され，<u>議会制民主主義</u>を支えている。

● 73ページ 6行め
国会で議席の過半数を占めた政党（または政党の連合）は**与党**と（…）。

Q【与党】
政権を担当している政党のこと。議会で多数の議員の所属する政党が内閣を組織して与党になり，政権に協力して国の政治を行う。政権を与る党という意味で，与党のことを政府与党や政権政党ともいう。

● 73ページ 8行め
これに対し，政権を担当しない政党（**野党**）も，（…）。

Q【野党】
政権を担当していない政党のこと。野党は，内閣に対して自由な立場にあるので，与党の政治を監視し，批判したり対案を示したりして対立する。与党と野党が国会で議論を深めることで，よりよい政治が行われることが期待される。

● 73ページ
②国民と政治の関係

Q【国民と政党の関係】
・国民→政党，内閣…国民は選挙によって政党を構成する国会議員を選ぶ。また，世論によって内閣の政策に影響を与える。
・国会→国民…政党は選挙の際に公約を示し，支持を求める。また，立法によって国民の生活に影響を与える。
・内閣→国民…政策によって国民の生活に影響を与える。
・政党→国会…国会で大多数を占める与党が政権を担当する。内閣総理大臣は与党の党首がつとめる。

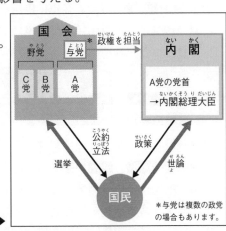

国民と政治の関係▶

●73ページ 17行め
このように，（…）政党政治とよびます。

 〔政党政治〕
選挙で多数の議席を占めた政党が，政権を担当する政治のこと。また，国会の運営が政党中心に行われること。

①二大政党制…二つの大きな政党が政権を競い合う政党政治。
②多党制…複数の政党が政権を競い合う政党政治。
③一党制…議会に一つしか政党がないため，独裁政治になりやすい。

●74ページ 3行め
1955（昭和30）年以後，（…），55年体制とよばれる政党政治の時代を作りました。

〔55年体制〕
自由民主党と日本社会党の二つの政党を中心とした政治が1955年から約40年間続いたので，このように表現された。1960年代には多党化が進み，1993年の衆議院議員総選挙で自民党が惨敗，翌年に日本社会党や民主社会党などによる連立政権ができたことにより，55年体制は終わった。

●74ページ 8行め
そのため政党の再編成が進み，93（平成5）年以降は基本政策に合意した政党が集まって作る政権（連立政権）が多くなってきました。

〔連立政権〕
連立政権とは，複数の政党が政策協定を結んで政権を担当することで，政権を担当する複数の政党が与党になる。国会における最大政党が過半数の議席を占めていないときに連立政権になりやすい。連立政権は与党間の対立が起こることもあるので，不安定になりやすい。近年，日本の政権は，連立政権の状態が続いている。

教科書の\答え/をズバリ！

資料活用 p.73 投票するうえで政党があることは，どのような利点があるか

例 政党があれば，選挙の際，自分の考えに合った政党に投票すればいいので，投票がしやすくなる。

資料活用 p.73 国民と政党の関係に着目する

例 国民は選挙で自分の意見に近い政党に投票し，政党は国民の意思を政策に反映させる。

資料活用 p.74 与党の変化に着目する

例 1958年では自由民主党が単独で与党になっていたが，1993年には日本社会党など7党が連立政権をつくり与党となった。そのあとは，自由民主党と民主党をそれぞれ中心とした連立政権が与党になっている。

確認しよう p.74 政党はどのような目的で活動しているのか本文から二つ書き出す
・政策の実現
・政策を実施するために政権を獲得する

説明しよう p.74 政党が複数あったほうがよい理由を説明する

例 国民が，自分の考えに近い政党を複数のなかから選択することができるので，さまざまな意見を政治に反映させることができる。

④ 選挙制度とその課題

CHECK!
確認したら✓を書こう

ポイント 日本の選挙制度は公職選挙法に定められ，普通選挙・平等選挙・秘密選挙・直接選挙の原則で選挙を行う。衆議院は小選挙区比例代表並立制，参議院は比例代表制が導入され，一票の格差が問題となっている。

教科書ナビ

●75ページ 3行め
　しかし現在の選挙では，原則として18歳以上の国民なら誰でも投票できる**普通選挙**，1人1票の**平等選挙**，無記名で投票する**秘密選挙**，有権者が直接投票する**直接選挙**を原則としています。

●75ページ 7行め
　日本の選挙制度は，**公職選挙法**によって定められています。

●75ページ 10行め
　一人の候補者に投票する**小選挙区制**では，（…）。

徹底解説

【普通選挙】
　一定の年齢以上の成年者全員に選挙権を認める選挙。納税額や性別などによって選挙権を制限されないことを意味する。日本の場合は，20歳以上のすべての男女に選挙権は与えられていたが，2016年の夏に年齢制限が18歳に引き下げられた。
　大日本帝国憲法の下では，納税額や性別などにより，選挙権を制限する制限選挙が行われていた。

【平等選挙】
　国民はすべて法の下に平等であり，選挙権をもつ者の1票は，すべて平等で同じ価値をもつ選挙のこと。
　一部の人が複数票を投じるなど，特別な選挙資格をもつことが認められている選挙を不平等選挙という。

【秘密選挙】
　選挙における有権者の秘密が守られている選挙のこと。有権者は投票において，候補者名や政党名を記入すればよく，自分の名前を記入しなくてよい。

【直接選挙】
　代理人の投票を許さず，自分の手で直接投票すること。これと異なり，有権者がまず選挙人を選び，次に選挙人が実際に立候補者を選ぶような選挙を間接選挙といい，アメリカ合衆国の大統領選挙がその例としてあげられる。

【公職選挙法】
　国会議員，地方公共団体の地方議会の議員と首長の選挙に関する法律。1950年に制定された。選挙権と被選挙権，選挙区，選挙人名簿や投票・開票などの選挙実施の方法，選挙運動や選挙違反などについて定めている。事前運動や戸別訪問の禁止，選挙資金の上限などの規定がある。

【小選挙区制】
　一つの選挙区から1人の代表者を選ぶ制度。
・長所…大政党に有利で政治が安定しやすい。
・短所…1人しか選ばれないので，当選者以外の候補者に投票された票（死票）の数が多くなる。

○75ページ 13行め
一方，政党に投票する**比例代表制**では（…）。

🔍【比例代表制】
各政党の投票総数に応じて議席を配分する制度。

・長所…投票総数に応じて議席を配分するため死票が減り，さまざまな世論が政治に反映される。
・短所…多数の小政党が乱立する可能性があり，政治が不安定になる。

○75ページ 17行め
しかし，（…）**小選挙区比例代表並立制**が導入されました。

🔍【小選挙区比例代表並立制】
衆議院議員（465名）の選挙制度。小選挙区制から289名，全国を11ブロックに分けて行う比例代表区から176名がそれぞれ選出される。かつては，一つの選挙区から3〜5名を選ぶ中選挙区制であったが，1994年に改正された。

○76ページ 8行め
また，議員一人あたりの有権者数の格差（一票の格差）も問題になっており，（…）。

🔍【一票の格差】
選挙区によって議員1人あたりの有権者数が異なり，有権者がもつ一票に格差があること。例えば，議員定数が3人の選挙区でも，有権者数が6万人と3万人の選挙区では，議員1人あたりの有権者数は2万人と1万人となる。

○76ページ 10行め
お金を通じて（…），政府は**政党交付金**によって政治資金の一部を（…）。

🔍【政党交付金】
政党活動にかかる費用の一部を国が補助する制度。1994年の政治資金規正法の改正で，企業や特定団体から政治家への献金が規制された代わりに始まった制度である。

教科書の答えをズバリ！

資料活用 p.75　選挙年齢が18歳以上に引き下げられた理由

例　有権者が高齢者に偏ることを防いで，若い世代の声を政治に反映させるため。

資料活用 p.76　投票所の運営に多くの人が関わっている理由

例　投票を滞りなく行い，不正な投票が行われないようにするため。

資料活用 p.76　議員1人あたりの有権者数が全国最高の区と全国最低の区の差は何倍か

約2倍

確認しよう p.76　衆議院と参議院の選挙はそれぞれどんな制度で行われているか本文から書き出す

衆議院…小選挙区と比例代表制を組み合わせた小選挙区比例代表並立制

参議院…都道府県を単位とする選挙区選挙と，全国を一つの選挙区とする比例代表制

説明しよう p.76　選挙区制と比例代表制の違いを説明する

例　選挙区制は選挙区ごとに当選者数を決めて候補者に投票し，比例代表制は政党に投票して政党の得票数に応じて当選者が決まる。

振り返ろう p.76　個人を尊重し，基本的人権を守る政治を実現するために必要だと思うしくみ

例　政党政治は，政党が複数あることで政策に対する監視の目が増え，権力の濫用や人権侵害を防ぐこともなるので，このような政治の実現のために必要である。

CHECK! ☺
確認したら✓を書こう

❶ 国会の役割としくみ

ポイント 国会は国の唯一の立法機関で，国の予算も定めている。また，強い権限が与えられ，国権の最高機関とされている。衆議院と参議院の二院制が採られ，任期が短く解散がある衆議院の優越が認められている。

教科書ナビ

●77ページ 4行め
国会は，（…）唯一の立法機関です。

●77ページ 6行め
また，国の**予算**を定めることも国会の役割です。

●77ページ 10行め
国会は，（…）**内閣総理大臣の指名**を行います。

●77ページ 12行め
また，裁判所に対しては，（…）**弾劾裁判所**を設けることができます。

●77ページ 15行め
正しい政策の決定に（…）**国政調査権**もあります。

●77ページ 16行め
このように，（…），**国権の最高機関**とされています。

●78ページ 1行め
国会は，（…），**衆議院**と（…）採っています。

徹底解説

🔍 **【唯一の立法機関】**
日本国憲法で国会は「国の唯一の立法機関である。」（憲法41条）と定められている。国の法律を制定できるのは国会だけである。したがって，国会で制定された法律以外は法律として認められない。

🔍 **【予算】**
予算とは1年間の国の収入と支出の計画である。内閣が予算を編成して，国会の審議を経て決議する（憲法60条）。審議は国会に設置されている予算委員会で行われる。

🔍 **【内閣総理大臣の指名】**
国会は，国会議員のなかから投票を行って内閣総理大臣を指名する（憲法第67条①）。内閣が総辞職した後や総選挙の後などに開かれた国会では必ず行わなければならない。

🔍 **【弾劾裁判所】**
弾劾裁判所は罷免（やめさせること）の訴えを受けた裁判官を罷免するかどうか決定するため国会内に設けられる（憲法64条）。弾劾裁判所は両議院から選ばれた各7名ずつ，合計14名の議員で構成される。

🔍 **【国政調査権】**
国の政治がどのように行われているか，政策が正しく決定されているかを調査する権限（憲法62条）。国会に証人を呼び質問したり，政府にさまざまな記録の提出を求めたりすることができる。

🔍 **【国権の最高機関】**
「国権の最高機関」（憲法41条）とは，主権者である国民に選ばれた代表者で構成されている国会は，国の政治の中心であるという意味。

🔍 **【衆議院】**
国会にある二つの議院のうちの一つ。議員定数は465人。任期が短く（4年），解散があるので，国民の意思をより反映していると考えられている。

●78ページ 1行め
国会は，（…），衆議院と参議院からなる二院制を採っています。

🔍【参議院】
国会にある二つの議院のうちの一つ。任期が長く（6年），解散がないので，より慎重に審議ができる。議員定数は245人で，2022年7月26日以降は248人となる。

🔍【二院制】
日本のように，国会が二つの議院から成り立っている制度。異なった視点や立場に基づいて慎重な議論が行われる利点があるが，審議に時間がかかるという欠点もある。

●78ページ 6行め
衆議院と参議院の意見が異なる場合に，（…）両院協議会を開くことがあります。

🔍【両院協議会】
衆議院と参議院で議決が異なった場合，両院の不一致を調整するために開かれる協議機関のこと。予算の議決，条約締結の承認，内閣総理大臣の指名で衆議院と参議院の議決が異なった場合は必ず開かれる。

●78ページ 9行め
それでも一致しない場合には，衆議院の優越が認められています。

🔍【衆議院の優越】
衆議院と参議院の議決が異なると，両院協議会で調整が行われるが，それでも一致しなかった場合，国民の意思を反映させやすい衆議院の判断が優先させられる。

●78ページ 10行め
このように（…），衆議院の任期のほうが短く解散もあるため，（…）。

🔍【解散】
4年の任期満了前に衆議院議員全員の議員の資格を失わせる行為のこと。憲法7条に内閣の助言と承認に基づいた天皇の国事行為の一つとして衆議院の解散が挙げられており，これによって内閣に実質的な解散権があるとされている。

📕教科書の 答え をズバリ！

資料活用 p.77　4人目の台座が空席の理由

例　政治には完成がないという意味があるから。

確認しよう p.78　国会の主な仕事を本文から三つ以上書き出す

・法律を定める

・国の予算を定める

・内閣総理大臣の指名

・条約の承認

・憲法改正の発議

・国政調査権　　　　　　　　　など

説明しよう p.78　日本が二院制を採っている理由を説明する

例　二つの議院で議論することでさまざまな意見を取り入れて，慎重な議論が行えるようにするため。

CHECK!

確認したら✓を書こう

② 国会の現状と課題

ポイント 国会では，さまざまな分野ごとに委員会で審議が行われ，委員会での決定を経て本会議で議決される。議員は立法を目指して活動しているが，議員立法の成立は少なく，内閣提出法案の成立が多い傾向にある。

教科書ナビ

●79ページ 1行め
国会は通常１月に開会し（**常会**），（…）。

●79ページ 5行め
(3)会議を開くには，**定足数**のきまりがあり，（…）。

●79ページ 9行め
すべての議題を（…），分野ごとに**委員会**で審議を行い，委員会の決定を経て**本会議**で議決されます。

●79ページ 16行め
法律は，内閣が署名したのちに国民に広く知らせ（**公布**），法律として効力を持つようになります（**施行**）。

徹底解説

🔍 **【常会】**
国会の種類の一つで通常国会の略称。会期は150日間であるが，両議院の議決が一致すれば一回だけ延長できる。必ず次の年度の予算案の審議を行う。

国会の種類はほかに，臨時会（臨時国会），特別会（特別国会），参議院の緊急集会がある。

🔍 **【定足数】**
定足数とは，会議を開くことができる議員定数のこと。
・本会議の場合…定足数は，総議員の３分の１以上。
・委員会の場合…定足数は，総議員の２分の１以上。

🔍 **【委員会】**
国会の効率的かつ慎重な進行のために各議院には委員会が設けられている。議員全員が出席する本会議では細かな審議ができないため，委員会では専門的かつ詳細に審議が行われる。

委員会には予算委員会や法務委員会などの常設委員会と，特に必要がある場合に設置される特別委員会がある。

🔍 **【本会議】**
衆議院（465人），参議院（245人，2022年からは248人）のすべての議院で構成される議会のことで，それぞれ衆議院本会議，参議院本会議とよばれる。委員会で審議された議案を，最終的に審議し採決する。

🔍 **【公布と施行】**
国会で可決された法律は，天皇が公布する（国事行為）。公布は議決した議院の議長から内閣を通して天皇に報告され，天皇は報告から30日以内に公布しなければならない。また，施行は個々の法律ごとに附則として定められている。

○80ページ 3行め
しかし日本の国会では，（…），議員提出の法案（議員立法）は成立が少ない傾向にあります。

【議員立法】

国会議員提出と内閣提出の法律案の成立数を比べると，内閣の方が成立数の割合が多い。法律案の作成には広範囲の調査や専門知識が求められるため，政府や官僚が中心となっている内閣の法律案の方が成立しやすい傾向がある。

▲内閣提出法案と議員提出法案
(2015〜19年) ※継続審議案除く
（内閣法制局資料）

○80ページ 16行め
1999（平成11）年からは，（…）党首討論(クエスチョンタイム)も行われています。

【党首討論（クエスチョンタイム）】

1999（平成11）年から行われている与党と野党の党首が直接討論する取り組み。イギリス議会で行われているクエスチョンタイムを参考にしている。

○80ページ 17行め
私たちは主権者として，（…）「言論の府」として機能するよう，見守ることが大切です。

【言論の府】

国会は，「国権の最高機関」として法律を制定するために，少数意見を尊重し十分な議論を尽くすことが何より重要である。こうした国会のあるべき姿を示した言葉。

教科書の答えをズバリ!

資料活用 p.79　どのような手続きを経て法律が成立するか

例　議員や内閣から提出された法律案を衆議院の法務委員会が先に審議し，可決されると衆議院で採択が行われる。衆議院で可決されると参議院の法務委員会で審議され，可決されると参議院で採択が行われ，可決すると成立となる。

資料活用 p.80　法案が成立した割合を比べる

例　内閣提出法案は90％以上成立しているが，議員提出法案は15％程度しか成立していない。

確認しよう p.80　法律の制定における委員会と本会議の役割を本文から書き出す

すべての議題を全員が集まって議論するのは難しいため，分野ごとに委員会で審議を行い，委員会の決定を経て本会議で議決される。

説明しよう p.80　議員立法が少ないことの何が問題か。「国民主権」の語句を用いて説明する

例　国民の代表者である議員による立法が少ないということは，主権者の意思を反映した立法が少ないということになり，憲法の三大原則の一つである「国民主権」に反する。

CHECK!
確認したら✓を書こう

③ 内閣の役割としくみ

ポイント 内閣は行政全体に責任を持ち，内閣総理大臣と通常14名の国務大臣で構成される。内閣総理大臣は行政全体，国務大臣は各省庁を指揮監督する。内閣が国会に連帯して責任を負う議院内閣制を採っている。

教科書ナビ

●81ページ 1行め
国会が定めた（…）国の立場から仕事を行うことを**行政**といいます。

●81ページ 5行め
それらの頂点に立ち，行政全体に責任を持つ機関が**内閣**です。

●81ページ 13行め
内閣は，最高責任者である**内閣総理大臣（首相）**と，（…）**国務大臣**で構成されます。

●82ページ 2行め
そして，内閣総理大臣は政府の方針を定めるために**閣議**を開きます。

徹底解説

🔍 **〔行政〕**
国会が定めた法律や予算に従って，実際に政治を行うこと。教育に関する分野は文部科学省が担当するなど，さまざまな分野についてそれぞれ専門の行政機関が分担している。内閣が行政全体に責任をもつ。

🔍 **〔内閣〕**
国家の行政権を担当する最高機関。内閣総理大臣と14名（特別な場合は17名まで増員できる）以内の国務大臣からなる。また，内閣総理大臣と国務大臣は，いずれも文民（職業軍人ではない者。現代の日本では，現役の自衛官でない者）でなければならないと憲法66条で規定されている。

※2019年現在，「復興庁設置法」と「平成三十二年東京オリンピック競技大会・東京パラリンピック競技大会特別措置法」によって期間限定で19名まで増員できるようになっている。

🔍 **〔内閣総理大臣（首相）〕**
内閣の最高責任者。国会議員（与党の党首がなることが多い）のなかから指名され，天皇が任命する。行政全体を指揮監督し，国務大臣を任命したりやめさせたりする権限をもっている。

🔍 **〔国務大臣〕**
内閣総理大臣とともに内閣を構成する大臣で，内閣府や各省庁，委員会の責任者。国務大臣は，民間から採用することもできるが，半数以上は国会議員から採用しなければならない。

🔍 **〔閣議〕**
内閣の政治方針を決める会議で，全会一致制をとり，非公開である。内閣総理大臣が主催し，すべての国務大臣が出席する。閣議には，定例閣議と臨時閣議のほかに，会議を開かずに，書類を各大臣にまわして了承をとる「持ちまわり閣議」がある。

● 82ページ 11行め ……
衆議院は，（…）**内閣不信任決議**を行って，内閣の政治責任を問うことができます。

【内閣不信任決議】
国会が内閣に対してもつ最も強い権限で衆議院のみが決議することができる。衆議院で内閣不信任決議が可決された場合，内閣は10日以内に総辞職するか，衆議院を解散しなければならない。

● 82ページ 13行め ……
内閣不信任決議が可決されれば，内閣は**総辞職**するか，（…）衆議院を**解散**し，（…）。

【総辞職・解散】
・総辞職…内閣総理大臣と国務大臣が全員やめること。
・解散…衆議院議員の資格を任期にかかわりなく失わせること。解散後，40日以内に総選挙を行い，選挙から30日以内に特別国会が召集され，そこで新しい内閣総理大臣が指名される。

● 82ページ 17行め ……
このような，（…）**議院内閣制**とよびます。

【議院内閣制】
内閣が国会の信任の上に成立し，国会に対して連帯責任を負うしくみのこと。日本やイギリスなどで採用されている。責任内閣制ともよばれる。

● 82ページ 18行め ……
これに対し，（…）**大統領制**とよびます。

【大統領制】
立法権をもつ連邦議会と行政権をもつ大統領がそれぞれ別の選挙で選ばれ，独立した権限をもつしくみのこと。アメリカや韓国などが採用している。

教科書の 答え をズバリ！

資料活用 p.81 内閣総理大臣はどのような仕事をしているのか，ある1日を確認する

例 規制改革推進会議や国会に出席，関係者との会議，ブルキナファソの大統領と首脳会談など。

資料活用 p.81 日本は外国とどのような条約を結んでいるのか

例 政治や経済に関する条約だけではなく，環境や文化などさまざまな分野に関する条約を結んでいる。

確認しよう p.82 内閣総理大臣はどのような権限を持っているか本文から書き出す

・内閣を代表して法律案や予算案を国会に提出
・行政全体の指揮監督
・国務大臣を任命し，辞めさせる
・政府の方針を定めるために閣議を開く

説明しよう p.82 日本の内閣と国会の関係を，大統領制との違いから説明する

例 アメリカの大統領制では議会と大統領がそれぞれ独立した権限をもっているが，日本では内閣総理大臣と国務大臣の半数以上が国会議員から選ばれるなど，内閣と国会が連帯している。

CHECK!
確認したら✓を書こう

④ 行政の役割と課題

ポイント 行政の仕事は各省庁で分担され，国や地方の公的機関で働く公務員が実行している。現代の国家では行政の役割が大きくなっているため，効率的な行政を目指して行政改革や規制緩和などが進められている。

教科書ナビ

●83ページ 3行め
これらの仕事を（…）公務員（国家公務員と地方公務員）です。

●83ページ 12行め
そのため，（…）行政権の拡大とよばれます。

●83ページ 16行め
各省庁は，（…）事業の許可や認可を行う権限を持ち，（…）。

●84ページ 7行め
そうしたなかで，（…）効率的な行政を目指す行政改革や，（…）。

●84ページ 10行め
また，行政の規制緩和も進められ，（…）。

徹底解説

【公務員】
公務員は全体の奉仕者と定められ（憲法15条②），主権者である国民のために仕事をすることを求めている。国の機関で仕事をする国家公務員と地方公共団体の機関で仕事をする地方公務員がいる。

【行政権の拡大】
現代社会の複雑で多岐にわたる問題に対応するため行政組織が大きくなり，内閣や国会による監視が難しくなっている。

【許可・認可】
許可とは，一般に禁止されている行為を，法律などを解除して特別に認めること。認可とは，行政が一定の基準に達したと判断して認めることをいう。

【行政改革】
行政の仕事は，複雑化・細分化する一方で，業務の重複など非効率的な面も指摘されている。そのため，行政機構や制度，政策を合理的・効率的なものに見直すことを行政改革という。

【規制緩和】
国の事業をできる限り民間企業に任せ，政府が民間の経済活動に対して行っている規制をゆるめたり，廃止したりすることである。

教科書の答えをズバリ!

資料活用 p.83 霞が関には省庁がどのくらい集中しているか

例 国務大臣を長とする省庁のうち，防衛省以外は霞が関に集中している（厳密には写真に写っている内閣府の住所は永田町になる）。

確認しよう p.84 行政は私たちの暮らしにどのような役割を果たしているのか本文から書き出す

行政の担う仕事は数多くあるため，道路の整備は国土交通省，医療については厚生労働省というように，各省庁で仕事を分担している。

説明しよう p.84 行政改革が進められている背景を説明する

例 近年の行政は，省庁間の権限が複雑化してなわばり争いが生じている，行政指導が強すぎて企業の活力をうばっているなど，むだと非効率が指摘されるようになってきている。

⑤ 私たちの生活と裁判

ポイント 権利と権利の対立を公正に解決する働きを司法（裁判）といい，裁判所で実施される。裁判には民事裁判と刑事裁判があり，慎重な審理を行うため三審制を採っている。裁判所は内閣や国会から独立している。

教科書ナビ

○87ページ 5行め
　その働きを**司法（裁判）**といい，裁判所によって，原則として公開で実施されます。

○87ページ 9行め
　裁判には**民事裁判**と**刑事裁判**があります。

徹底解説

〔司法（裁判）〕

さまざまな争いごとを法に基づいて解決する仕事を司法（裁判）という。憲法32条では「何人も，裁判所において裁判を受ける権利を奪はれない。」と定めている。

〔裁判所〕

司法（裁判）を行うために設置された国の機関。日本には最高裁判所と，下級裁判所（高等裁判所・地方裁判所・家庭裁判所・簡易裁判所）があり，すべての裁判は原則としてここで（弾劾裁判所と国会議員の資格争訟裁判は例外）行われる。

・**最高裁判所**…司法権の最高機関で東京に1か所のみある。下級裁判所は最高裁判所の決定に従わなければならない。

・**高等裁判所**…東京・大阪・名古屋・広島・福岡・札幌・仙台・高松の全国8か所にある。

・**地方裁判所**…各都道府県に1か所ずつ，北海道に4か所，合計50か所ある。

・**家庭裁判所**…全国に50か所，地方裁判所と同じところにある。遺産相続や離婚などの家庭内の争いや，未成年の犯罪などを扱う。

・**簡易裁判所**…全国に438か所ある。比較的少額の民事事件や軽い罪の事件を扱う。

〔民事裁判〕

個人や企業・団体などの財産に関する争い，または権利や義務についての争いを裁く裁判のこと。例えば，金銭の貸し借りや交通事故の損害賠償，離婚，遺産相続などである。個人のことを私人ともいい，民事裁判の個人と個人の争いを「私人間の争い」という。

〔刑事裁判〕

強盗や詐欺，殺人や放火など，さまざまな罪を犯した疑いのある人（被疑者）の有罪か無罪かを決め，有罪の場合は，どのような刑罰を科すか決める裁判のこと。

○87ページ 11行め
訴えた人（**原告**）と訴えられた人（**被告**）それぞれが自分の考えを主張し，（…）。

🔍 【原告】
民事裁判において訴えを起こした人。代理人を弁護士（簡易裁判では司法書士でも可能）に依頼することが多い。

🔍 【被告】
民事裁判において訴えられた人。被告も代理人を弁護士（簡易裁判では司法書士でも可能）に依頼することが一般的である。

○87ページ 13行め
国民が原告となり，国を被告として訴える**行政裁判**も，（…）。

🔍 【行政裁判】
国民が原告となり，国や地方公共団体などを被告として争う裁判のこと。行政機関によって国民の自由や権利がおかされた場合，国民は損害賠償を求めて裁判所に訴えることができる。民事裁判の一つとして行われる。

○87ページ 16行め
罪を犯したと疑われる人（被疑者）を**被告人**として（…）。

🔍 【被告人】
検察官によって起訴された被疑者のこと。刑事裁判では民事裁判における原告の役割を検察官が行う。被告人には弁護人を依頼する（ほとんどの場合，弁護士に依頼）権利があり，費用がない場合には国が国選弁護人をつける。

○88ページ 4行め
そこで，（…）一つの事件について3回まで裁判が受けられる**三審制**が採られています。

🔍 【三審制】
裁判の公正と慎重をはかり，国民の人権を守るための制度。判決に不服があれば，上級の裁判所に対して新たな判決を求めることができ，合計3回の裁判を受けることができる。

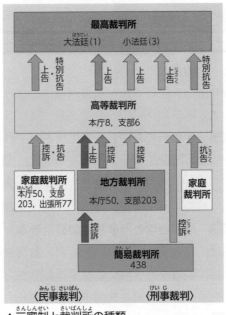

▲三審制と裁判所の種類

◉88ページ 8行め
その判決に不満があれば，上級の裁判所に**控訴**し，さらに**上告**することができます。

🔍【控訴】
第一審の判決に不服がある場合，上級の裁判所に新たな判決を求めること。民事裁判の第一審で簡易裁判所から控訴すると，第二審は地方裁判所で行われる。刑事裁判では，すべての第二審は，高等裁判所で行われる。

🔍【上告】
第二審の判決に不服がある場合，さらに上級の裁判所に新たな判決を求めること。

◉88ページ 11行め
そのため，（…），裁判をやり直す**再審請求**ができます。

🔍【再審請求】
判決が確定した事件で，新たな証拠が見つかったり，捜査や裁判の過程で行われた不正が判決に影響を与えたことがわかったりした場合などに判決を取り消して，裁判をやり直すように申し立てることができる。刑事事件で再審される場合，刑の執行を停止することができる。

◉88ページ 16行め
これを**司法権の独立**とよびます。

🔍【司法権の独立】
憲法76条③では，「すべての裁判官は，その良心に従ひ独立してその職権を行ひ，この憲法及び法律にのみ拘束される。」と定めている。裁判官は，政治権力などから圧力を受けることなく，良心と憲法・法律のみに従って独立して裁判を行う。

教科書の\答え/をズバリ！

資料活用 p.87 最高裁判所の大法廷で行われる裁判はなぜ最も多くの裁判官で行われるのか

例 最高裁判所の大法廷では，法律が憲法に合っているかなど特に重要な問題について審理されるから。

資料活用 p.88 民事裁判と刑事裁判にはそれぞれどのような人が関わっているか

例

民事裁判…原告，被告，原告側と被告側の弁護士，裁判官

刑事裁判…被告人，検察官，警察，弁護人，裁判官，裁判員。

確認しよう p.88 民事裁判と刑事事件の役割を本文から書き出す

● 民事裁判は，個人（私人）の間の権利・義務の対立を解決する裁判である。

● 刑事裁判は，盗みなど法律に違反する犯罪があったかどうかを判断し，あった場合はそれに対する刑罰を決める裁判である。

説明しよう p.88 三審制が採られている理由を説明する

例 裁判所で下された判決が常に正しいとは限らず，より慎重に審理してえん罪などの間違いをなくすために三審制が採られている。

⑥ 人権を守る裁判とその課題

ポイント 裁判では人権を保障するため，推定無罪の原則が守られている。近年では司法を国民の身近なものにするため司法制度改革が行われ，2009年，刑事裁判に20歳以上の国民が参加する裁判員制度が始まった。

教科書ナビ

●89ページ 10行め
これは推定無罪の原則とよばれ，（…）。

●89ページ 16行め
そこで，（…）司法制度改革が進められています。

●89ページ 1行め
また，（…）裁判員制度が始まりました。

徹底解説

🔍 **【推定無罪の原則】**
被告人は有罪の判決を受けるまでは無罪とみなされる原則。有罪にするには，適法な捜査で得た証拠で立証する必要がある。

🔍 **【司法制度改革】**
国民に身近な司法の実現をめざして行われている改革。法曹人口を増やすための法科大学院の創設，法テラスの設置，裁判員制度の開始，検察審査会の機能の強化などが行われた。

🔍 **【裁判員制度】**
20歳以上の国民から選ばれた6人の裁判員が3人の裁判官とともに刑事裁判を行う制度。裁判に国民の視点を反映する目的があり，裁判官とともに被告人の有罪・無罪と有罪だった場合の刑罰を決める。

教科書の 答え をズバリ!

資料活用 p.89 裁判に関わる仕事に就くとしたらどれを選ぶか

例 原告や被告の利益を守りたいので，弁護士の仕事を選ぶ。

資料活用 p.90 裁判員と裁判官のそれぞれの役割を考える

例 裁判員は証拠を見聞きして，裁判官と対等に議論した上で被告人が有罪か無罪かを判断する。裁判官は被告人や検察官の主張を判断して，法律に基づいて判決を下す。

確認しよう p.90 被疑者や被告人の人権がどのように保障されているか書き出す

- 捜索や逮捕には，原則として裁判官が発行する捜索令状や逮捕令状が必要。
- 逮捕された後も，弁護人（弁護士）を頼む権利が認められる。
- 弁護人を頼む費用がない場合には，起訴される前は当番弁護士を，起訴された後は国選弁護人を頼むことができる。
- 取り調べでは自分の不利になることを言わなくてよく（黙秘権），強制による自白は証拠にならない。
- 被疑者や被告人は有罪の判決を受け入れるまでは無罪と見なされる。

説明しよう p.90 裁判員制度が導入された理由と課題を説明する

例 裁判を迅速にして国民の感覚を反映するために導入されたが，裁判員の拘束時間の長さや心理的負担，出された判決を上級の裁判所でどう生かすかなどの課題がある。

振り返ろう p.90 「国民」という言葉を用いて，国会，内閣，裁判所の役割を説明する

例 国会は国民の意思を反映した法律を制定し，内閣は国民の生活のために行政を担当し，裁判所は国民の権利を保障し，対立を公正に解決する役割を担っている。

アクティブ公民

CHECK!

確認したら✓を書こう

裁判の判決を考えよう
〜対立する主張を整理してみよう〜

<u>学習課題　実際に起きたある事件を題材に，自分なりの判決を考えてみよう。</u>

やってみよう1　p.91

1　被害者は誰で，どのような被害に遭ったのか

被害者…Cさん　　　被害…暴行されたのち，死亡

2　加害者は誰で，どのようなことをしたのか

加害者…Aさん

どのようなことをしたか…Bさんを助けるために，Cさんの頭に「まわし蹴り」をした

やってみよう2　p.91

1　証人①〜③は被害者と加害者のどちらの主張を補強するものか

証人①（通行人）…加害者　　　証人②（居酒屋の定員）…被害者

証人③（Cさんの友人）…被害者

やってみよう3　p.92

第199条　【殺人】…………人を殺した者は，死刑又は無期若しくは五年以上の懲役に処する。
第205条　【傷害致死】……身体を傷害し，よって人を死亡させた者は，三年以上の有期懲役に処する。
第36条　【正当防衛】…①急迫不正の侵害に対して，自己又は他人の権利を防衛するため，やむを得
　　ずにした行為は，罰しない。
刑法　　　②防衛の程度を超えた行為は，情状により，その刑を軽減し，又は免除する
　　ことができる。

1　Cさんの行為は，刑法第36条①「急迫不正の侵害」に当たるか

例　Cさんはbさんに暴行を加えたように見え，さらにAさんを殴るような姿勢を見せたため，急迫不正の侵害とみなされても仕方がない。

例　Cさんは構えただけで，Aさんにすぐに危害を加えようとしていたとは思えないので，急迫不正の侵害には当たらない。

2　空手三段のAさんがCさんに「まわし蹴り」をしたことは行き過ぎではなかったか

例　Aさんは空手三段の実力者なので，Cさんに強い衝撃を与えることは想定できるので，行き過ぎた行為であったとも考えられる。

3　Bさんが助けを求めたことは，Aさんの行動を認める理由になるか

例　Bさんの「ヘルプミー」という発言が，Aさんに危機の大きさを勘違いさせた可能性がある。

4　あなたならAさんにどのような判決を下すか

例　検察官は，殺人の最低限度の量刑である懲役5年を求めていることから，被告を殺人の有罪とするが，情状を考えて，懲役4年，執行猶予3年とする。

例　検察官は，殺人の最低限度の量刑である懲役5年を求めているが，明白な殺意があったとは言えないので，被告を傷害致死の有罪とし，懲役3年，執行猶予5年とする。

CHECK!
確認したら✓を書こう

教科書
93〜94ページ

第2部
第2章
第3節

① 地方自治と地方公共団体

> **ポイント** 私たちの生活に関わる問題は地方公共団体が対策に取り組んでいる。地方自治では，住民自治や団体自治が採られている。近年では，国から地方公共団体に多くの権限が移される地方分権が進められている。

教科書ナビ

●93ページ 2行め
これに対し，(…)市町村や**特別区**，都道府県などの**地方公共団体**（地方自治体）が対策に取り組んでいます。

●93ページ 11行め
そのため，(…)**住民自治**の原則が採られています。

●93ページ 13行め
また，(…)**団体自治**も日本国憲法で定められています。

●93ページ 16行め
このように，(…)**地方自治**とよびます。

徹底解説

🔍 **〔特別区〕**
東京都の23区は，行政区として政令指定都市に設けられている区とは違い，特別地方公共団体の一つである。議会や区長などが置かれ，市町村とほぼ同じ権限が与えられている。他の道府県と市町村の関係より密接で，都の統制が強く，都条例に委任された事務なども行う。

🔍 **〔地方公共団体〕**
都道府県や市町村など一定の地域を基礎とし，地方自治が行われる単位となる団体。地方自治体ともいう。都道府県や市町村がこれにあてはまる。

🔍 **〔住民自治〕**
地方自治の原則の一つ。地方の政治は，住民が自身の意思と責任に基づいて政治に参加することで，地域の実情に合った政治ができる。

🔍 **〔団体自治〕**
地方公共団体が，国家から独立して政策の方針を決め，地域内の行政を行うこと。憲法94条では，「地方公共団体は，その財産を管理し，事務を処理し，及び行政を執行する権能を有し，法律の範囲内で条例を制定することができる。」とし，団体自治を保障している。

🔍 **〔地方自治〕**
地方の政治は，地方公共団体とその地方に住む住民の意思で行われるということ。地方自治は，日本国憲法と1947年に制定された地方自治法の制定によって整えられた。
また，現在はより地方公共団体が自主的な取り組みを行えるようにする地方分権が進められている。

● **94ページ 1行め**
　地方自治は，(…)「民主主義の学校」とよばれています。

🔍 **〔民主主義の学校〕**
イギリスの政治学者ブライスが述べた言葉。住民が身近な地方の政治に参加することは，政治参加の第一歩であり，大切な経験になることから，地方自治は民主主義の基礎であると主張した。

● **94ページ 10行め**
　そこで，(…)地方分権を進めることで，(…)。

🔍 **〔地方分権〕**
国がもつ権限や財源を地方公共団体に移し，地方公共団体がそれぞれの地域の実情に合った政策の決定などを自主的に行えるようにすること。1990年代後半から地方分権改革が唱えられるようになると，地方分権を推進する計画を実施するため地方自治法などの法律を改正するために2000（平成12）年に地方分権一括法が施行された。
　その後，2001年に成立した小泉純一郎内閣の下で，国から地方に支出する補助金の削減・地方への財源移譲・地方交付税制度改革を同時に行う政策がとられ，地方分権を促進した。

教科書の答えをズバリ!

資料活用 p.93　あなたが住む市（区）町村ではどのような仕事をしているか

例　自分の住む市では，公立学校（小・中学校，高等学校）を始め，ごみステーション，市民病院，高齢者施設，保育所などの管理や運営などが行われている。

資料活用 p.93　自分の住む地域や興味のある地域にも同様の調査があるか調べて比較する

例　自分の住むN市では，公共交通機関の充実が最も優先されるべき政策とされ，次いで高齢者福祉対策，防犯対策，子育て支援対策，農業政策，環境対策に力をいれるべきであるという調査結果が出ている。

確認しよう p.94　地方自治とはどのようなしくみか本文から書き出す

私たち住民がみずからの意思と責任で地方の政治に取り組むしくみを地方自治とよぶ。

説明しよう p.94　地方自治が「民主主義の学校」とよばれる理由を説明する

例　国の政治に比べて，地方自治は，よりよい地域社会を形成するために，住民みずからの意思と責任で主体的に地方の政治に直接参加できる場面が多いため，「民主主義の学校」とよばれている。

② 地方公共団体のしくみと政治参加

ポイント 地方公共団体は，地方議会と首長が住民のための政治を行い，条例の制定や予算の決定などを行っている。地方の政治は直接民主制を取り入れ，直接請求権が認められ，住民投票や住民参加が求められている。

教科書ナビ

●95ページ 1行め
地方公共団体には，議員によって構成される**地方議会**と，地方公共団体の長である**首長**（都道府県知事や市（区）町村長）が置かれ，（…）。

●95ページ 8行め
地方議会は，地方公共団体独自の法である**条例**の制定や，（…）。

●95ページ
2 地方自治のしくみ

●96ページ 5行め
そして，（…），直接民主制を取り入れた**直接請求権**が幅広く認められています。

徹底解説

🔍 **【地方議会】**
地方公共団体の議会のことで，都道府県議会，市町村議会，特別区の区議会がある。議会は一院制で，議院は住民の直接選挙で選ばれ，任期は4年である。条例の制定や予算の決定などがおもな仕事である。

🔍 **【首長】**
都道府県知事や市町村長，特別区の区長のことで，地方公共団体の執行機関の代表者。首長は住民から直接選挙され，任期は4年である。予算案や条例案を作成したり，地方公務員の仕事を指揮監督したりすることがおもな仕事である。

🔍 **【条例】**
地方議会が制定するきまりのことで，制定した地方公共団体にのみ適用される。国の法律の範囲内でつくることができ，罰則を設けることもできる。

🔍 **【地方自治のしくみ】**
地方議会と首長が対立したときは，
①首長から地方議会…議決のやり直しや地方議会の解散を求めることができる。
②地方議会から首長…首長の不信任を決議でき，決議されれば首長は辞職するか議会を解散しなければならない。

🔍 **【直接請求権】**
地方公共団体の住民が，議会の解散，首長や地方議員の解職（リコール）などを請求できる制度。住民が必要な数の署名を集めて請求し，住民投票で過半数の賛成があると成立する。
①**条例の制定，改廃**…有権者の50分の1以上の署名を集め，首長に請求する。
②**事務の監査**…有権者の50分の1以上の署名を集め，監査委員に請求する。
③**議会の解散，議員・首長の解職**…有権者の3分の1以上の署名を集め，選挙管理委員会に請求する。
④**主要な職員の解職**…有権者の3分の1以上の署名を集め，首長に請求する。

○96ページ 11行め
住民の意見を地方の政治に反映させる手段として，条例に基づく**住民投票**もあります。

🔍【住民投票】
特定の課題について住民の意見を聞くために行われる投票。直接請求権や特定の地方公共団体に適用される特別法の制定を問う住民投票のほかに，地方公共団体が条例を制定して行う住民投票がある。この場合，住民投票の結果に法的な拘束力がないことが多く，結果をどう政治に反映するかが問題になっている。

○96ページ 12行め
また，（…）**住民参加**がますます求められるようになってきています。

🔍【住民参加】
地方公共団体の政治や行政に住民が参加すること。自治会（町内会）や非営利組織（NPO），ボランティアへの参加など，みずからの地域をよくするため積極的な参加が求められている。

○96ページ 14行め
新たなまちづくりに向けて，（…），**非営利組織（NPO）**，（…）。

🔍【非営利組織（NPO）】
営利を目的とせず，医療・福祉・教育・災害救助・環境保全などの分野であらゆる人々に寄与する活動を行う民間団体のこと。Non Profit Organization の頭文字をとってNPOともよばれる。1998（平成10）年には，NPO団体を法人とすることで活動をしやすくさせるために特定非営利活動促進法（NPO法）が施行された。
　2020年7月末現在では，約5万1千件の認証NPO法人が存在している。

教科書の　答え　をズバリ！

資料活用 p.95　なぜ議会を活性化させようとしているのか

例　住民の政治参加を促して，住民の意見を地方の政治に積極的に反映させていくため。

資料活用 p.96　あなたの地域の条例も調べる

例　私の住む地域では，地域の特産品の普及を促進させる条例が作られている。
金城町特産振興対策基本条例（島根県），阿賀町ごっつぉ条例（新潟県）などがある。

確認しよう p.96　地方議会と首長の仕事を本文から書き出す

●地方議会…地方公共団体独自の法である条例の制定や，地方公共団体の一年間の活動に必要な予算の決定などを行います。

●首長…条例や予算の案を作って議会に提出したり，議会が決めた予算が実行されるよう，行政機関を指揮監督したりします。

説明しよう p.96　国と地方の政治のしくみが異なる理由を，住民と首長，国民と首相の違いから説明する

例　国の政治では国民が直接首相を選ぶことができないが，地方の政治では，住民によって首長を直接選挙で選ぶことができる。

③ 地方財政の現状と課題

CHECK!
確認したら✓を書こう

ポイント 地方財政のうち一年の支出を歳出，収入を歳入という。歳入は<u>地方税</u>などの自主財源と<u>地方交付税交付金</u>といった依存財源などから成り立っている。健全な地方財政のため歳入と歳出のバランスが重要である。

教科書ナビ

●97ページ 1行め
地方公共団体のさまざまな事業は，(…)地方財政とよびます。

●97ページ 8行め
このうち，住民税・事業税などの地方税や，(…)自主財源とよびます。

●97ページ 13行め
そこで，(…)国から地方交付税交付金が配分されています。

●97ページ 14行め
また，(…)国庫支出金が国から支払われます。

徹底解説

🔍 **〔地方財政〕**
地方公共団体の一年間の収入と支出のこと。収入を<u>歳入</u>，支出を<u>歳出</u>という。歳入には，地方公共団体がみずから集める<u>住民税</u>などの自主財源と，国から配分される地方交付税交付金などの依存財源がある。

🔍 **〔地方税〕**
地方公共団体が課すことのできる税のこと。<u>都道府県税</u>や<u>市町村税</u>などの住民税や法人事業税，固定資産税などが当てはまる。税率などは法律の範囲内で地方公共団体の条例によって定められ，税目は地方税法によって定められている。

🔍 **〔自主財源〕**
地方公共団体の財源のうち，独自に徴収できるものを自主財源という。日本では，地方税・地方消費税・条例などで徴収する法定外税・寄付金などがこれに当てはまる。自主財源の割合の高低で地方自治体の安定度や行政の自由度を図ることができ，都心部と過疎地で自主財源の割合の格差が生じている。

🔍 **〔地方交付税交付金〕**
依存財源の一種。地方公共団体の税収のばらつきを解消するため，収入の不足に応じて，国税から一定の割合で地方公共団体に交付される税のこと。国は地方交付税交付金の使い道を制限してはならないと法律で定められている。

🔍 **〔国庫支出金〕**
依存財源の一種。国が地方公共団体に委任した事業などに必要な費用の全額または一部を国が負担するもの。従って，使い方は国から限定されている。

●98ページ 1行め

これら自主財源以外の財源を**依存財源**とよびます。

🔍【依存財源】

国や上層の地方公共団体を経由して調達する財源のことで，自主財源以外をさす。日本では，地方交付税や使い方が限定されている国庫支出金，地方債があてはまる。依存財源は，使い方が制限されているが，地方公共団体の間に生じる格差を減らす働きがある。

●98ページ 11行め

行政の監視のために**オンブズマン**が活動している地域もあります。

🔍【オンブズマン】

オンブズマンとは，住民からの苦情や要求を受けて，行政の不正などを監視・調査したり告発したりする人のこと。スウェーデンで初めて設置され，オンブズマンはスウェーデン語で「代理人」などを意味している。日本では，1990（平成2）年に神奈川県川崎市で初めての公的なオンブズマン制度がつくられた。

近年は，「マン」が男性のみを示しているという指摘があり，「オンブズパーソン」などとよぶ場合もある。

教科書の\答え/をズバリ！

資料活用 p.97 あなたの住むまちは，活性化のためにどのような取り組みをしているか

例　私の住むT市では，高齢者や子どもなど自動車を持たない市民が暮らしやすいように公共交通機関を充実させたり，自転車のレンタルを行ったりしている。

資料活用 p.98 地方公共団体の借金の傾向

例　地方債は1990年以降急増し，年々増加傾向にあるが，地方債現在高のGDPに占める割合は2010年以降減少傾向にある。

確認しよう p.98 自主財源と依存財源に当たる項目を本文から書き出す

自主財源	依存財源
・住民税	・地方交付税交付金
・事業税	・国庫支出金
・公共施設の使用料	・地方債

説明しよう p.98 持続可能な地方財政に必要な条件を説明する

例　持続可能な地方財政を目指すためには，限られた財源の中で無駄を省き，効率的な行政を行うことが必要である。

④ 私たちと政治参加

ポイント 近年，若い世代の投票率が低下傾向にある。若い世代が投票に行かなければ<u>投票率</u>が高い世代の意見が優先され，若者の意見を政治に反映しにくくなる。よりよい社会のため，積極的な<u>政治参加</u>が必要である。

教科書ナビ

○99ページ
若者の政治離れはなぜ問題か

○99ページ 3行め
近年の選挙では，若い世代の**投票率**が（…）。

○99ページ 8行め
若者の（…）政治参加が求められています。

○99ページ 17行め
また，（…），**市町村合併**の是非を問う（…）。

徹底解説

🔍 **〔若者の政治離れ〕**
2017（平成29）年の第48回衆議院議員総選挙では，10代，20代，30代の投票率が全体を通じた投票率を下回っている。近年ではSNSを通じて若者へ政治参加を促すさまざまな取り組みが生まれている。

🔍 **〔投票率〕**
全体の有権者数に対して，実際に投票をした人の割合のこと。国民の政治参加や関心の度合いを示すものとして表されるが，天気などの選挙とは関係のない要因にも左右される。

🔍 **〔政治参加〕**
政府の政策方針に影響を与えるために行う市民の活動のこと。選挙などの間接的な方法と直接請求権などの直接的な方法がある。

🔍 **〔市町村合併〕**
複数の地方公共団体が一つになること。日本では，地方公共団体を活性化させるため，国の主導で「平成の大合併」が進められた。行政の機能が効率的になる一方，サービスの低下や周辺部の旧市町村地域の衰退など問題も生じている。

教科書の 答え をズバリ！

資料活用 p.99 少年議会は若者の政治参加においてどんな意味があるか
例 若者の意見をまちの政策に反映させることで，政治参加に興味を持ってもらえる。

資料活用 p.100 割合が異なるのはなぜか
例 有権者の中に，実際に投票へ行かなかった人がいるから。

確認しよう p.100 若者の多くが投票を棄権するとどうなると予想されるか本文から書き出す
政治家は投票する人の多い年長の世代が抱える問題を優先して取り組むようになるかもしれない。

説明しよう p.100 若者の政治参加が必要な理由を説明する
例 よりよい社会にしていくためには，年長の世代の意見だけではなく，若い世代の意見も政治に反映していくことが求められているから。

振り返ろう p.100 地方自治や民主政治を発展させるためにするべき政治参加を，今できることと，将来すべきことに分けて構想する
例 今は政治に関心を持ち，問題を解決するために必要があれば請願活動などを行う。将来は，投票に行って主権者としての意思を政治に反映させる。

アクティブ公民

CHECK!

確認したら✓を書こ

自分が住むまちのまちづくりを考えよう
〜よりよいまちづくりを，効率，公正から考える〜

<u>学習課題　自分が住むまちをよりよくするために，どのようなまちづくりが必要か。</u>

やってみよう1 p.101

1　思いつくまま自由に話し合う（省略）

2　意見をカードに書く（省略）

3　同じ内容のカードをまとめて，タイトルを付ける

- 「ショッピングセンターをつくる」は「産業」，「高齢者福祉施設を建設する」「保育所をつくる」は「福祉」，「橋や道路などの耐震化」は「交通」，「豊かな森林を守る」は「環境・自然」にまとめることができる。

4　内容を考慮して模造紙に貼る（省略）

5　グループごとの関係性が一目でわかる表現にする

- 1ではＫＪ法を使って意見を分析している。
- 「交通」と「福祉」，「福祉」と「環境・自然」，「交通」と「産業」がそれぞれ関連する。
- 「交通」と「環境・自然」，「産業」と「環境・自然」はそれぞれ対立する。

やってみよう2 p.102

1　挙げた項目が，歳出のどの項目にあたるか考える

- 民生費…児童や高齢者などに対する福祉に使われるお金。
- 教育費…公立の小中学校の運営などに使われるお金。
- 土木費…道路や橋の建設，改修などに使われるお金。
- 衛生費…家庭から出るごみの処理などに使われるお金。

2　自分が住むまちの予算を確認する（省略）

やってみよう3 p.102

1　優先順位をつける

- 「高齢者に優しい予算案」の場合，福祉に使われる民生費の割合が多いことがわかる。
- 「学校ピカピカ予算案」の場合，公立の小中学校の運営などに使われる教育費の割合が多いことがわかる。

2　キャッチフレーズを考える

例　高齢者・若者応援予算

3　予算案を円グラフにまとめる→→→→

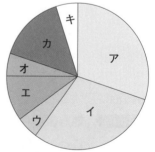

▲円グラフのまとめ例

章の学習を振り返ろう

CHECK!

確認したら✓を書こう

民主政治

1 学んだことを確かめよう

A ①…間接民主制　②…政党政治　③…小選挙区制
④…一票の格差　⑤…二院制　⑥…議院内閣制　⑦…民事裁判
⑧…三審制　⑨…裁判員制度　⑩…住民自治
⑪…条例　⑫直接請求権　⑬地方財政

B ①内閣　②委員会　③本会議　④可決
⑤公布　⑥条例　⑦解散　⑧首長　⑨有権者

「学習の前に」を振り返ろう

① 例 選挙に行って，自分と同じ考えの候補者に投票する。

② 例 「まち並み通り」の道路を拡張すると，元々そこに住んでいた人たちが他の場所に移らないといけなくなり，権利を侵害してしまうので空地タテオ候補に投票する。

例 「まち並み通り」を拡張することで，大型車は回り道をせずに通ることができるので，輸送時間の短縮（効率化）を図ることができるので，道ひろよ候補に投票する。

2 見方・考え方を働かせて考えよう

ステップ1①

民主政治を発展させるために必要なこと
- 主権者として意見を主張する活動を行うこと
- 選挙に行って投票すること
- 政治に関心を持つこと　など

ステップ1②

私が考える特に必要なこと	理由
例 選挙に行って投票すること	例 民主政治を発展させるためには，主権者である国民の意思を政策や法律に反映させる必要があるから。

根拠となるページ
p.77～78，93～100

ステップ2②

自分の考えに足りなかった事柄や見方・考え方
　例　選挙に行って投票することは，社会のなかで少数の意見があることを訴える手段でもあり，国民主体の政治のなかで，よりよい合意をつくっていくために重要であるという視点。

ステップ3

民主政治を発展させるためには，（例　選挙に行って投票をすること）が必要である。なぜなら，（例　自分の考えに近い議員に投票することは，主権者である国民一人一人の意思を政策や法律に反映させる手段であると同時に，社会のなかにある少数の意見を訴える手段でもあるので，よりよい合意をつくることにもつながり，国民主体の政治にとって重要といえる）からである。

第4部2章への準備
①例　若い世代の意見が反映され，若年層が直面している問題が解決される社会。
②例　政治に関心をもって参加し，投票率が少ない10〜30代の若い世代が選挙に行くことで投票率の高い世代の意思が優先されないようにする。

一問一答 ポイントチェック

答え

第1節 p.67〜70
民主政治と私たち

❶国民の代表者で構成される議会を中心として，国民の意思を反映した政治を行う制度を何というか？

❶議会制民主主義

❷社会のさまざまな問題について，多くの国民によって共有されている意見のことを何というか？

❷世論

❸複数の政党が政策協定を結んで政権を担当することを何というか？

❸連立政権

❹一定の年齢以上の成年者全員に選挙権を認める選挙のことを何というか？

❹普通選挙

第2節 p.77〜90
国の政治のしくみ

❺国の政治がどのように行われているか，政策が正しく決定されているかを調査する権限を何というか？

❺国政調査権

❻会議を開くことができる議員定数のことを何というか？

❻定足数

❼内閣総理大臣とともに内閣を構成する大臣で，内閣府や各省庁，委員会の責任者を何というか？

❼国務大臣

❽行政機構や制度，政策を合理的・効率的なものに見直すことを何というか？

❽行政改革

❾判決が確定した事件で，新たな証拠が見つかったり，捜査や裁判の過程で行われた不正が判決に影響を与えたことがわかったりした場合などに判決を取り消して，裁判をやり直すように申し立てることを何というか？

❾再審請求

❿地方裁判所ごとに20歳以上の国民から選ばれた6人の裁判員が3人の裁判官とともに刑事裁判を行う制度を何というか？

❿裁判員制度

第3節 p.93〜100
地方自治と私たち

⓫国がもつ権限や財源を地方公共団体に移し，それぞれの地域の実情に合った政策の決定などを自主的に行えるようにすることを何というか？

⓫地方分権

⓬営利を目的とせず，医療・福祉・教育・災害救助・環境保全などの分野であらゆる人々に寄与する活動を行う民間団体のことをアルファベット3文字で何というか？

⓬ＮＰＯ

⓭住民からの苦情や要求を受けて，行政の不正などを監視・調査したり告発したりする人のことを何というか？

⓭オンブズマン

⓮地方公共団体を活性化させるため複数の地方公共団体が一つになることを何というか？

⓮市町村合併

⓯ある地域や世代の有権者全体に対する，選挙に行った人の割合を何というか。

⓯投票率

学習の前に

身の回りの暮らしと経済について見てみよう

確認したら✓を書こう

やってみよう p.107

商店街のイラストを見て，次の①〜⑥の場面がイラスト内のア〜カのどれにあたるか，（　）に記号を入れる。

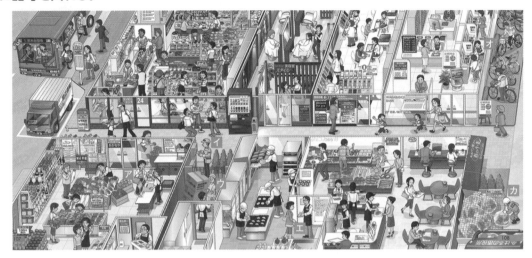

① スーパーで商品の代金を支払っています。

（　ア　）

② パン用小麦を受け取っています。

（　ウ　）

③ 店長から給与を受け取っています。

（　エ　）

④ ごみを収集しています。

（　カ　）

⑤ ＡＴＭの利用方法を案内しています。

（　オ　）

⑥ 電気の検針をしています。

（　イ　）

第3部 第1章 第1節 私たちの生活と経済

CHECK!

確認したら✓を書こう

教科書
109
〜
110
ページ

① 経済活動とお金の役割

ポイント
消費と生産を中心とする活動を<u>経済</u>（経済活動）といい，家計，企業，政府の3者によって行われている。<u>経済</u>のなかで重要な役割を果たしているのが貨幣で，<u>交換</u>，<u>価値尺度</u>，<u>貯蔵</u>の役割を担っている。

教科書ナビ

●109ページ 1行め
（…）パンを買ったとしましょう。このことを**消費**といいます。

●109ページ 3行め
（…）パン屋さんは（…）。このことを**生産**といいます。

●109ページ 6行め
（…）さまざまな商品（**モノやサービス**）が生産され，（…）。

●109ページ 7行め
この生産と消費を中心とする人間の活動を**経済（経済活動）**といいます。

●109ページ 10行め
（…）分担しながら商品を作り上げていくことを**分業**といいます。

●110ページ 1行め
必要な分以外はほかのモノやサービスと**交換**することで，（…）。

徹 底 解 説

🔍【消費】
消費とは，生活の欲求を満たすために，料金を支払って<u>モノやサービス</u>を利用することをいう。消費は資源を使うことでもある。

🔍【生産】
生産とは，モノやサービスをつくることをいう。工業やサービスに限らず，農作物の育成や水産物の採取なども生産活動に含まれている。

🔍【モノやサービス】
商品には，形がある商品である<u>モノ</u>と，形がない商品である<u>サービス</u>がある。例えば，体調が悪いときに，病院で診察してもらうのはサービスであり，薬局で受け取る薬はモノである。

🔍【経済（経済活動）】
企業がモノやサービスを生産し，消費者はそのモノやサービスを買う（消費）こと。このように，消費と生産を中心とする人間の活動を<u>経済（経済活動）</u>という。<u>経済活動</u>が活発になればなるほど，人々の生活は豊かになっていく。

🔍【分業】
製品をつくる工程を複数の人や企業で分担すること。異なる役割を分担することで製品の大量生産が可能になる。パンが消費者の手に渡るまでには，農家や加工会社，運送業者，パン屋さんなど多くの人や企業が関わっている。

🔍【交換】
経済の世界では，モノやサービスと同価値の<u>お金（貨幣）</u>が交換される場合が多い。パンを生産する過程では，原材料となる小麦やバターを工場や店に渡す代わりにお金をもらっている。

○**110ページ 3行め**
その時に重要な役割を果たすのが**お金（貨幣）**です。

🔍【お金（貨幣）】
お金（貨幣）には，3つの役割がある。
①**交換**…お金を橋渡しすることで流通がスムーズになる。
②**価値尺度**…さまざまな商品（モノやサービス）の価値を測る物差しになる。
③**貯蔵**…財産として蓄えることができる。

○**110ページ**
③経済の循環

🔍【経済の循環】
経済活動の担い手として，家計（または消費者），企業，政府がある。企業はモノやサービスを生産して，家計はそれらを消費する。一方で家計は，企業に労働力を提供して賃金を得る。また，政府も家計や企業から集めた税金で公共サービスを提供することで，経済活動に参加している。また，銀行が間に入ってお金の流れをスムーズにすることで経済を活性化している。

教科書の\答え/をズバリ！

資料活用 p.109 身の回りにはどのようなモノやサービスがあるか

例

	髪を切るとき	服をきれいにするとき
モノ	・ハサミやくしなど髪を切るための道具	・洗濯用洗剤など ・洗濯機
サービス	・美容室などで髪を切ってもらう	・服をクリーニングに出す

資料活用 p.110 パンが消費者に届くまでにどのような人が関わっているか

例　小麦農家やさとうきび農家，酪農家などの原料を生産したり家畜を育てたりする人，農作物などを工場で加工する人，加工した小麦粉や砂糖などを販売・配送する人，パン屋やパン工場の中でパンを製造する人，パン工場で製造されたパンを店に配送する人，スーパー・コンビニなどの店でパンを販売する人，など。

確認しよう p.110 貨幣の役割を，本文から三つ書き出す

・経済活動や取り引きをスムーズに行うことができます（①交換）。
・商品の価値の大きさを測ることができます（②価値尺度）。
・貨幣は財産を蓄える手段にもできます（③貯蔵）。

説明しよう p.110 経済活動について「生産」「消費」という言葉を用いて説明する

例　企業や店によって生産されたモノやサービスを，消費者がお金（貨幣）と交換して消費する。この生産と消費を中心とする人間の活動のことを経済活動という。

アクティブ公民

CHECK! ☺
確認したら✓を書こう

教科書
111
〜
112
ページ

あなたが無人島に漂着したら？
〜分業と交換について考える〜

1 無人島に漂着したらどうするか

やってみよう1 p.111

自給自足のために何をすればよいのか考えてみよう

● 森に食料を探しに行く。　　　● 他に漂着している人がいないか探しに行く。

やってみよう2 p.111

別の漂着民と協力するならどう共同生産，分業をしていくか考えてみよう

	Aさん	Bさん	Cさん	Dさん
木登り	◎	△	○	△
魚取り	△	◎	○	△
道具作り	○	○	○	◎

例　道具作りは得意だが，魚取りは苦手なので，Bさんと分業して食料を手に入れたい。

例　木登り，魚取り，道具作りができるCさんと協力して食料を手に入れたい。

やってみよう3 p.112

別の島の状況（1〜3）をみて，住民とモノをどう交換するか考えてみよう。

例　船を製造してもらい，元の無人島に行ってバナナを採り，この島でマンゴーや魚と交換して食生活を豊かにする。

2 無人島に漂着した経験を現代社会に置き換えてみよう

やってみよう4 p.112

無人島での経験（a〜e）にあたる現代社会の活動（1〜5）を線で結んでみよう

a バナナを採ろうとしている　　　　　1 服を選ぶ

b 洞窟を探している　　　　　　　　　2 料理を作る

c 編み物をしている　　　　　　　　　3 工場で分担して仕事をする

d バナナ採りを分業している　　　　　4 車を外国に販売する

e バナナを違う島に輸出している　　　5 家を購入する

やってみよう5 p.112

1　現代の生活に必要なモノは何か

例　衣服，食料，住む場所，仕事，お金など。

2　現代では，誰が必要なモノを生産しているか

例　工場などの企業や農家などの生産者。

3　現代では欲しいモノをどのような方法で手に入れるか

例　お金によって取り引きを行い，欲しいモノを手に入れる。

4　なぜこのようなシステムができたのかを無人島の疑似体験から考えよう

例　必要なモノを取り引きし，より豊かな生活を成り立たせるために出来上がった。

CHECK!
確認したら✓を書こう

② お金の使い方と経済の考え方

ポイント 私たちは限られた<u>資源</u>のなかで商品を<u>選択</u>し，消費している。社会全体としては，得意・不得意に応じて，それぞれの欲求を最も満足させられるように資源を割り振る<u>資源の効率的な配分</u>が行われている。

教科書ナビ

◎113ページ 6行め
　私たちはいつも，このような**選択**をしているのです。

◎113ページ
②**資源**とは

◎113ページ 12行め
　このように，私たちの限りない欲求に対して，（…）**希少性**といいます。

◎114ページ 17行め
　このように，（…）**資源の効率的**な配分といいます。

徹底解説

🔍【選択（せんたく）】
人々は消費によって欲求を満足させるが，欲求には<u>限り</u>がない。そのため，自分の収入に合わせて欲しい商品を<u>選択</u>する必要がある。計画的にお金の使いみちを考える「<u>かしこい消費者</u>」となることは，経済活動を行ううえで重要である。

🔍【資源（しげん）】
資源とは，<u>お金</u>，<u>モノ</u>や<u>労働力</u>，<u>時間</u>，<u>土地</u>，<u>サービス</u>など，人間の生活や生産・消費活動に利用<u>可能</u>なものすべてをいう。資源は限られたものであり，有効に利用するためには<u>選択</u>が必要となる。

🔍【希少性（せい）】
希少性は相対的なものなので，資源が豊富にある場合（例えば空気など）や人の欲求が低いもの（例えば生産量は少ないが<u>割れて</u>しまった食器）の<u>希少性</u>は低い。

🔍【資源の効率的な配分（こうりつ）】
経済活動に参加している<u>家計</u>，<u>企業</u>，<u>政府</u>が，それぞれの欲求を最も満足できるように資源を割り振ること。

教科書の \答え/ をズバリ!

資料活用 p.113 1か月1000円のお小遣いをどう使うか

例 本と文房具が欲しい…本500円，文房具300円，残りの200円を貯蓄する。

洋服が欲しい…毎月400円ずつ貯蓄して5か月後に買う。

ゲームが欲しい…毎月800円ずつ貯蓄して7か月後に買う。

資料活用 p.114 アリとキリギリスの選択について，それぞれの長所と短所を挙げる

	長所	短所
アリ	冬に蓄えがある	夏の間の限られた時間を楽しめない
キリギリス	夏の限られた時間を楽しめる	冬の蓄えがない

確認しよう p.114 資源にあたるものを，本文から三つ以上書き出す

・お金　　・土地　　・働く人　　・働く人の能力や技術　　・情報　　・時間

説明しよう p.114 「希少性」という言葉を用いて，「資源の効率的な配分」を説明する

例 アフリカのモーリタニアではタコが多く漁獲されるが，現地ではタコを食べる習慣がなく希少性が低い。そこで，希少性が高い日本に多く輸出されることで，資源の効率的な配分が行われている。

③ 価格の働きと経済

ポイント 商品の価格は，需要量と供給量の目安となる。需要量と供給量が一致する市場価格を均衡価格といい，価格以外の条件で変化する。価格にはさまざまな決まり方があり，国や地方公共団体が決めることもある。

教科書ナビ

●115ページ 1行め
私たちのお金の使い方は，**価格**によって（…）。

●115ページ 4行め
（…）買う量（**需要量**）を減らそうとします。

●115ページ 4行め
その商品を生産する企業は，（…）作る量（**供給量**）を増やそうとします。

●115ページ
①みかんの入荷量と価格

●115ページ 8行め
さまざまな商品が自由に売買される場を**市場**といいます。

徹底解説

🔍 **【価格】**
価格とは，商品の取り引きのときに提示される金額のことをいう。需要量と供給量の変化によって決定される。

🔍 **【需要量】**
需要量とは，その商品を消費者が買う量のことである。消費者の需要量は商品の価格が安いときは多く，価格が高くなるに従って少なくなっていく。

🔍 **【供給量】**
供給量とは，その商品を企業（売り手）が作る量のことである。企業の供給量は商品の価格が高いときは多く，価格が安くなるに従って少なくなっていく。

🔍 **【みかんの入荷量と価格】**
需要量が供給量（入荷量）を上回ると価格が高くなり，供給量が需要量を上回ると価格が安くなる。また，価格が安くなると，需要量が増えて供給量が少なくなり，価格が高くなると，需要量が少なくなって供給量が増える。
価格は消費者が需要量を決め，生産者が供給量を決める目安になっている。

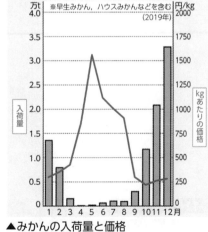

▲みかんの入荷量と価格
（東京中央卸売市場年報 平成29年）

🔍 **【市場】**
市場とは，売り手と買い手が集まり，商品をお金を用いて自由に販売する場所のこと。魚の卸売市場のように実体がある場合と，労働市場のように実体がない場合がある。

●115ページ 9行め
（…）商品の価格を**市場価格**といい，その変化を通して（…）決められていく経済を**市場経済**といいます。

【市場価格】
市場価格とは，市場で決められる商品の価格のことである。市場価格は，市場におけるその商品の<u>需要量</u>と<u>供給量</u>によって上下する。また，市場価格が変化することで，市場における<u>需要量</u>と<u>供給量</u>にも影響が出る。

【市場経済】
市場価格の変化を通じて，<u>需要量</u>・<u>供給量</u>や価格が調整されている経済のこと。現在，多くの国で市場経済のしくみによって，多数の商品の<u>効率的な生産</u>や配分が行われている。

●115ページ 16行め
市場価格のうち，このように需要量と供給量が一致する価格を**均衡価格**といいます。

【均衡価格】
市場価格のうち，<u>需要量</u>と<u>供給量</u>が一致したときの価格。<u>需要量</u>と<u>供給量</u>は価格の変化以外の条件でも変化する。
　例　米の不作が起きる。→米の供給量が減る。
　　　　和食ブームが起きる。→米の需要量が増える。
よって，均衡価格も価格以外（環境の変化など）の条件で変化する。

●116ページ
④需要曲線と供給曲線

【需要曲線と供給曲線】
需要曲線と供給曲線が交差している所が<u>均衡価格</u>である。グラフの場合，需要量と供給量がともに500gのときの500円が均衡価格。

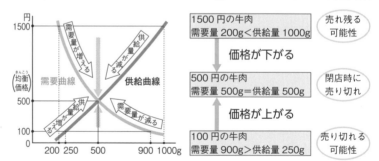

●116ページ
⑥さまざまな価格の変化

【さまざまな価格の変化】
スポーツドリンクは100円前後の価格で均衡しており，価格が変動しにくい。キャベツは生鮮食品なので毎月価格が変動している。また，携帯電話機は技術進歩が行われ，常に新商品が市場に出るにもかかわらず価格の変化が小さいのは，市場が限られた企業の寡占状態にあるからである。

○116ページ 11行め
（…）一人の売り手が決めた価格を**独占価格**，少数の売り手が決めた価格を**寡占価格**といいます。

🔍【独占価格】

<u>独占</u>とは，ある市場で一つの売り手が供給を支配していることである。市場がこのような状態になると，<u>供給側</u>の利益が大きくなるように一方的に市場価格が決められてしまうことがある。このような価格を独占価格という。

🔍【寡占価格】

<u>寡占</u>とは，ある市場で少数の売り手が供給を支配していること。市場がこのような状態になると競争が起こりにくく，商品の価格が<u>高く</u>維持されるなど消費者が不利益を受けやすい。

しかし，寡占状態であっても，液晶テレビなどのように技術進歩の競争が激しい場合は，価格が安くなっていくこともある。

○116ページ 15行め
（…）国民の生活を安定させるために，（…）モノやサービスの価格を**公共料金**といいます。

🔍【公共料金】

市場経済のしくみでモノやサービスの価格は決まるが，国民生活の安定のために，電気や水道，交通など生活に深く関わるものは，国や地方公共団体が価格を決めることがある。これらを公共料金という。

教科書の\答え/をズバリ!

資料活用 p.115　入荷量と価格の関係

例　国産牛が欲しいけど，輸入牛にしておくわ。

入荷量が多いときは価格が低くなっているが，入荷量が少ないときは価格が高くなっている。

資料活用 p.116　縦軸の価格の変化に着目する

例　需要量が増えていくにつれて，価値は下がっていく。また，供給量が増えていくにつれて，価格は上がっていく。

確認しよう p.116　価格は何の目安になるのか，本文から書き出す

例　価格は，消費者が需要量を決め，生産者が供給量を決めるための目安となる。

説明しよう p.116　「市場価格」という言葉を用いて，市場経済のしくみを説明する

例　市場経済で決められた商品の価格である市場価格の変化によって，企業の生産量や，消費者の消費量が変化する。

振り返ろう p.116　「分業」と「効率」という言葉を用いて，市場経済のしくみがある理由の説明

例　分業によって大量に生産される商品を，消費者の需要量と生産者の供給量の変化に応じて効率的に配分するため。

第3部 第1章 第2節 消費者と経済

教科書
117
〜
118
ページ

CHECK!
確認したら✓を書こう

① 家計の収入と支出

ポイント 経済主体の一つである家計に入る収入を所得といい，可処分所得に応じて消費に支出したり，貯蓄に回されたりしている。近年では，決済方法が多様化しているため，将来を見据えた選択をする必要がある。

教科書ナビ

●117ページ 1行め
個人や同居している家族のことを（…）家計（または消費者）といい，（…）。

●117ページ 2行め
（…）家計に入る収入を家計の所得といいます。

●117ページ 10行め
所得額から（…）実際に使えるお金（可処分所得）です。

●117ページ 15行め
家計の所得は，（…）貯蓄にも回されます。

●118ページ 公民プラス
最近は，電子マネーや（…）。

徹底解説

【家計】
個人や家庭のさまざまな経済活動の単位を，家計（または消費者）という。家計の役割は，政府や企業が提供するモノやサービスを消費して，その代金や税金を払ったり，企業に対して労働力の提供をしたりすることである。

【所得】
所得とは，家計に入る収入のこと。次の三つがある。
①給与所得…会社などで得られる給与などの所得。
②財産所得…所有しているアパートなどの家賃，株式などから得る配当などの所得。
③事業所得…個人で，農業や商店などを経営して得られる所得。

▲所得の種類

【可処分所得】
所得から税金や社会保険料を引いた，実際に使えるお金を可処分所得という。可処分所得は個々の家計の状況によって消費と貯蓄に分けられる。

【貯蓄】
貯蓄とは，所得の一部を将来の消費に備えて蓄えておくことである。貯蓄の方法としては，銀行への預貯金や，生命保険，国債などに加えて，お金を増やすのに有利ではあるが，お金を失う可能性もある投資信託や株式もある。

【電子マネー】
電子マネーとは，電子情報化されたお金のこと。ICカードやスマートフォンなどに所持金のデータを記録し，商品を購入する際にそのデータで決済することができる。電子マネーの機能には，残高が減少すると自動的にクレジットカードなどから補充するものや代金が後払いのものがあり，自分の返済限度に注意する必要がある。

1行オーバーフロー

●118ページ 公民プラス
最近は、（…）クレジットカードなど現金以外の「見えない」お金による支払い（キャッシュレス決済）が広く普及してきています。

🔍〔クレジットカード〕
クレジットカードとは、商品を購入するときの支払い手段の一つ。利用者はお店でカードを提示して商品を受け取る。商品の代金はクレジット会社が立て替えてお店に支払い、利用者は後日、利用した額をクレジット会社に支払う。

🔍〔キャッシュレス決済〕
現金を使わず、電子マネーやクレジットカードなど電子情報化されたお金による支払いのことをキャッシュレス決済という。安全性や利便性の向上、事務手続きの効率化などが長所として挙げられるが、便利なために自分の返済限度を超えた金額を使い、気がついたときには多くの借金が残ってしまうという危険性がある。

教科書の答えをズバリ！

資料活用 p.117　イラストA〜Fが表す支出項目を家計簿にあてはめる

収入 533,800円	給与所得	493,800円	
	その他所得	40,000円	
支出 540,900円	食料費	74,600円	E
	住居費（光熱・水道・家具などを含む）	50,700円	A
	被服費	13,200円	D
	保健医療費	11,500円	
	交通・通信費	49,600円	F
	教育費	19,100円	
	教養・娯楽費	30,500円	C
	交際費	18,200円	B
	その他の消費支出	45,700円	
	税金・社会保険料など	99,400円	
	ローン返済（家）	30,600円	
	預貯金・保険・証券など	97,800円	

（家計調査 平成29年）

消費支出は食料費〜その他の消費支出の項目。

資料活用 p.118　割合が大きく増えた項目
- 1970年に比べて、2019年では交通・通信費が11.5％増加した。

確認しよう p.118　所得の種類を本文から三つ書き出す
- 会社などで働いて得る給与などの所得（給与所得）
- 所有しているアパート、株式などの財産から得る所得（財産所得）
- 個人で農業や商店、工場などを経営して得る所得（事業所得）

説明しよう p.118　収入と支出のバランスにおいて重要なことを説明する
- 例　収入のなかから実際に使えるお金を把握し、将来の計画を立てて、現在の消費と将来の消費（貯蓄）を選択すること。

② 消費生活と流通の関わり

CHECK! (･ ･)
確認したら✓を書こう

> **ポイント** 流通の中心は小売業と卸売業だが,近年では通信販売などさまざまな経路で商品を購入することができる。また,流通が発達し,消費の選択肢が増えたため,広告などから得る商品の情報が重要となっている。

教科書ナビ

●119ページ 3行め
(…) 工場や産地で生産された商品を購入するまでの流れを流通といいます。

●119ページ 4行め
その中心となる商業は,商品を消費者に売る小売業と,生産者から商品を買って,小売店に売る卸売業からなります。

●119ページ
② POS(販売時点情報管理)システム

徹底解説

🔍 〔流通〕

流通とは,商品が生産者から消費者に届くまでの流れのことである。その中心となるのは,商品を所有している人や存在している場所から,必要としている人までを結び付ける商業である。商業は,小売業や卸売業から成り立っているが,運送業や広告業などにも支えられている。

🔍 〔小売業〕

小売業とは,生産者や卸売業から買った商品を,消費者に売る業種のことである。具体的には,デパート,スーパーマーケット,コンビニエンスストア,小売店,通信販売などがある。

🔍 〔卸売業〕

卸売業とは,生産者から商品を仕入れて,小売店に売る業種のことである。生産者が大量に出荷する商品の流通量を調節したり,商品のデータを収集し,小売店に情報提供したりしている。

しかし,卸売店を経由すると時間や費用がかかるため,現在では生産者や小売店と消費者を直接結び付ける動きも盛んである。

🔍 〔POS(販売時点情報管理)システム〕

商品販売の情報をレジや商品のバーコードなどから集め,企業のコンピュータで集中的に管理するシステム。店舗ごとの,売れた商品,売れた時間,客の性別や年齢などの情報が集まるので,企業が商品の出荷・販売・開発等の計画を細かく立てられるようになった。

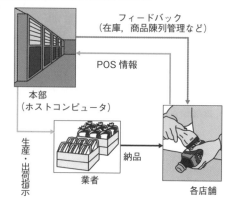

フィードバック
(在庫,商品陳列管理など)

POS情報

本部
(ホストコンピュータ)

生産・出荷指示

納品

業者

各店舗

●119ページ 14行め

例えば，小売店が生産者から商品を直接仕入れたり，自社ブランドを作って（…）。

🔍 〔直接仕入れ・自社ブランド〕
直接仕入れは，小売店が卸売業を通さずに商品を生産者から購入することである。

自社ブランドはＰＢ（プライベート・ブランド）商品といい，特に大手スーパーマーケットやそこと提携しているコンビニエンスストアのものが多くみられる。

●120ページ 2行め

（…），店を持たずに商品を売る通信販売などから購入できます。

🔍 〔通信販売〕
通信販売とは，店を持たずに，インターネットやカタログなどを通じて商品を販売する小売業の一つである。近年，インターネットの普及によって大きく発達し，店舗を持つ小売業でもインターネット経由で商品を注文することができるなど利便性が向上している。

●120ページ 11行め

そこで商品の情報を知る手段として，広告が役に立つことがあります。

🔍 〔広告〕
広告とは，商品を適切に選択するための情報を知る手段であり，商品や企業に興味を持ってもらったり，魅力を感じたりするようなメッセージをテレビやインターネットなどのメディアを通じて発信することである。消費者の役に立つことが多いが，消費者を惑わすような広告や効果を大げさに宣伝する広告もあるので注意する必要がある。

教科書の 答え をズバリ！

資料活用 p.119　インターネットを利用した通信販売による，私たちの消費生活の変化

例　実店舗に行かなくても商品を買うことができたり，インターネット経由で注文した商品を都合のよい時に実店舗で受け取ることができたりするなど，利便性が大きく向上した。

資料活用 p.120　流通経路の多様化による，よい面の説明

例　卸売業を経由することでかかっていた時間や費用を省くことができるようになったため，安価な商品を手に入れやすくなった。

確認しよう p.120　商品を購入する経路の例を本文から三つ書き出す

- 対面販売の小売店
- コンビニエンスストア
- 店を持たずに商品を売る通信販売（インターネットを利用した通信販売）

説明しよう p.120　「分業」という言葉を用いて，近年の流通の変化の説明

例　流通はかつて，卸売業と小売業，さらにそれを結び付ける運送業や倉庫業など，さまざまな業者の「分業」で行われてきたが，近年では大型スーパーマーケットが生産者から直接買い付けを行ったり，自社の物流倉庫を持つなど，「分業」がうすれてきている。

③ 消費者問題と政府の取り組み

> **ポイント** 契約は，契約自由の原則により自由な意思で行えるが消費者は立場が弱い。消費者被害を防ぐために，消費者の四つの権利を基に消費者支援制度が整えられたが，消費者自身もよい消費者になる必要がある。

教科書ナビ

●121ページ 1行め
商品を売る人と，（…）売買が成立することを法律では**契約**といいます。

●121ページ 6行め
これを**契約自由の原則**といいます。

●122ページ 1行め
（…）強引に契約を結ばせるなど，**消費者被害**も相次いでいます。

●122ページ 4行め
1962（昭和37）年，（…）**消費者の四つの権利**を宣言しました。

●122ページ 6行め
（…）2004（平成16）年には，（…）**消費者基本法**に改正されました。

●122ページ 8行め
具体的な消費者支援制度として，契約自由の原則の例外である**クーリング・オフ**の制度，（…）。

徹底解説

🔍 **【契約】**
商品を売る人と買いたい人の間で意思が一致し，売買が成立することを契約とよぶ。契約は当事者間の自由な意思で成立し，成立すれば法的な拘束力をもつので，原則として一方的な解除はできない。
ものの売り買いの契約である売買契約のほかに，使用者と労働者の間で成立する雇用契約などがある。

🔍 **【契約自由の原則】**
契約を行う際に，いつ，誰と，どのような内容で結ぶかを当事者どうしの自由な意思で行うことができるという原則のこと。市場経済は，この原則に基づく契約をお互いが守ることで支えられている。

🔍 **【消費者被害】**
質の悪い商品を提供され，その利用によって消費者が身体的な被害を受けたり，不適切な方法で強引に契約をさせられたりして経済的な被害を受けることを消費者被害という。消費者被害がたびたび起きる市場は健全であるとはいえない。

🔍 **【消費者の四つの権利】**
1962（昭和37）年，アメリカのケネディ大統領が宣言した「安全を求める権利」，「知らされる権利」，「選ぶ権利」，「意見を聞いてもらう権利」の四つの権利のことで，これらを基に消費者の権利が支えられている。

🔍 **【消費者基本法】**
消費者基本法は，社会状況の変化に対応して消費者の権利をより守ることを目的として，2004（平成16）年に消費者保護基本法を改正して施行された。消費者の自立支援を基本理念としている。

🔍 **【クーリング・オフ】**
クーリング・オフとは「頭を冷やして考え直す」という意味で，訪問販売などによって消費者が結んだ契約を一定の期間内であれば無条件で取り消すことができる制度である。クーリング・オフが使える期間は販売方法や商品によって異なるが，訪問販売の場合は8日以内である。支払った金額は全額返金され，違約金などの請求も認められない。

◯122ページ 8行め
具体的な消費者支援制度として，（…），製造物責任法（PL法）などがあります。

🔍【製造物責任法（PL法）】
製造物責任法は，製造物の欠陥によって生命や身体などに被害が生じたときに，商品と被害の因果関係を証明しなくても賠償を受けられることを定めた法律で，1995（平成7）年に施行された。

◯122ページ 9行め
01年には消費者契約法が施行され，（…）。

🔍【消費者契約法】
消費者契約法は，商品の重要な項目の説明について事実と異なることがある場合や，不適切な勧誘や契約内容で契約してしまった場合，1年以内であれば契約を取り消せることを定めた法律で，2001（平成13）年に施行された。クーリング・オフとは違い，売り手が不法行為をした場合に，契約を取り消すことができる。

◯122ページ 12行め
また09年には，消費者庁が発足しました。

🔍【消費者庁】
消費者庁は，消費者の視点から消費者行政全般を監視するために2009（平成21）年に発足した。それまでは，商品ごとに担当する省庁に分かれていたが，消費者庁が取りまとめて扱うことになった。

教科書の\答え/をズバリ！

資料活用 p.121 写真の◯部分の表示が異なる理由の説明
例　表示は法律を基に定められ，「アイスクリーム」の表示の基準は，乳成分の量が多い順にアイスクリーム，アイスミルク，ラクトアイスの3つに分類されているから。

確認しよう p.122 「契約自由の原則」について本文から書き出す
私たちの社会では，原則として，いつ，誰と，どのような内容の契約を結ぶかは，当事者どうしの自由な意思で行える。

説明しよう p.122 消費者を支援するための法律の種類とその目的の説明
例　日本では，消費者被害を防ぐために消費者保護基本法を制定し，その後，消費者の自立支援を目的に消費者基本法に改正した。また，商品の欠陥によって不利益を受けた消費者が製造者へ賠償を請求できることを定めた製造物責任法（PL法），契約の際に事実と異なる商品の説明があったり，不適切な勧誘があったりした場合に消費者を救済するため制定された消費者契約法がある。

振り返ろう p.122 「自立」という言葉を用いて，経済活動において消費者が果たす役割と責任についての説明
例　消費者には，現在の消費と未来の消費を考えながら，さまざまな選択肢のなかから商品を購入して市場経済を支える役割がある。一方で，消費者は自らの行動が与える影響を考え，商品に対する知識や情報を集めたうえで商品を選択するなど，自立したよい消費者となる責任がある。

技能をみがく 「契約」について考えてみよう

やってみよう1 p.123 私たちにどのような義務と権利が生じるか考えてみよう

	義務	権利
① コーヒーを買う（売買契約）	コーヒーの代金を支払う	コーヒーを受け取る
② 電車に乗る（運送契約）	電車賃を支払う	電車に乗る
③ DVDを借りる（賃貸借契約）	レンタル料を支払う	DVDを借りる
④ アルバイトをする（労働契約）	職場で働く	働いた分の給料をもらう

やってみよう2 p.123 「契約」はいつから成立するか

契約が成立する時点…ア

契約が成立するのは，たとえ口約束があっても原則として売りたい人と買いたい人が合意した時点です。この例では，アのAさんが店で「これください」と言い，店員が「はい」と合意した時点である。

▲スマートフォンを買う場合の消費者と販売者の契約関係

契約が成立した時点で，Aさんには代金を支払う義務が，店員にはスマートフォンを引き渡す義務が生じる。また，同時にAさんにはスマートフォンを受け取る権利が，店員には代金を請求する権利が生じるが，その権利（契約内容）は契約を交わした相手どうしがお互いの義務を果たすことによって実行される。

やってみよう3 p.124 「契約」を実行する責任を考える

1　Aさんが果たすべき義務：注文したピザの代金を支払う。
　　ピザ店が果たすべき義務：注文を受けたピザを渡す。

2　Aさんが契約を解除できるか：できない
　　理由：例　①のピザを注文した時点で，原則として契約が成立しているため，一方的に契約を解除することはできないから。

3　トラブルが与える社会への影響
　　例　・「食品ロス」が多くなり，環境に悪い影響を与える。
　　　　・販売者が消費者に対して信頼をなくし，宅配サービスを中止する可能性が出てくる。

アクティブ公民

CHECK! 確認したら✓を書こう

一人暮らしにかかるお金を考えよう
〜希少性から消費について考える〜

学習課題：「希少性」の見方・考え方を踏まえながら，消費において重視する基準を考える

やってみよう1 p.125 「選択」の基準について考える

場所（家賃）	○○市（6万円）	□□市（4万円）	☆☆市（8万円）
通勤時間	30分程度	70分程度	10分程度
通勤状況	通学時間帯は電車が混雑する	始発電車があるため，座って通勤できる	電車は非常に混雑する
周辺環境	デパートや大型商業施設はないが，歩ける範囲にスーパーやコンビニがある	スーパーやコンビニは少ないが，自転車で大型商業施設に行ける	デパートや飲食店が立ち並ぶが，スーパーはない

1　Aさんの選択と理由：□□市。　**例** 家賃が最も安い場所だから。

　　Bさんの選択と理由：☆☆市。　**例** 職場からもデパートからも距離が近い場所だから。

　　Cさんの選択と理由：○○市。　**例** 家賃や職場への距離のどちらもバランスが取れた場所だから。

2　どの市に住みたいか

　例 ○○市。スーパーやコンビニが近く，買い物に手間がかからないから。

3　○○市を選択したときに重視した基準

　例 ●スーパーやコンビニが歩ける範囲にある。　●通勤時間が60分以内である。

　　　●家賃が支払える額であること。

やってみよう2 p.126 生活費にいくらかけるか考える

1　**例** 考えに近いもの

A：○○市に住む…6万円	B：すべて自炊で済ませる…2万円
C：定期券の範囲外への移動は少ない…0.5万円	D：娯楽にかけるお金はほどほど…1.5万円
E：新しい商品をあまり買わない…1万円	F：スマホもネット環境も必要…1.5万円
G：習い事は不要…0円	H：そのほかの目安…1.5万円

2　貯蓄額（差額）の計算

　例 手もとにあるお金16万円−費用の合計【14】万円＝貯蓄額（差額）【2】万円

3　消費と貯蓄のバランス

　例 一人暮らしを続ける場合，自分の手もとにあるお金は限りがあるので，必要なものと自分にとって価値があるものを見極めて消費をしていく必要がある。

CHECK!

確認したら✓を書こ

① 私たちの生活と企業

ポイント 企業はよりよい商品を生産し，人々に働く場を提供しているほか，技術革新に取り組み社会の発展をうながす役割を果たしている。また，企業は限られた資源で多くの利益を得ることを目的に活動をしている。

教科書ナビ

●127ページ 2行め
これらを生産している組織や個人を，企業（生産者）とよびます。

●127ページ 5行め
企業は，（…）技術革新(イノベーション)にも取り組んでいます。

●128ページ 3行め
既存の企業だけでなく，みずから新しく企業を起こし（起業），（…）。

●128ページ 8行め
店舗や工場などを建てる土地，働く人々(労働力)，（…）。

徹底解説

🔍【企業】

企業とは，商品（モノやサービス）を生産している組織や個人のことで，生産者ともよばれる。企業は，商品を生産するための労働力を必要とするため，人々に働く場（雇用）を提供する。近年では，企業はもうけだけではなく，だれもが働きやすい職場環境の整備などの社会的責任を果たすことが求められている。

🔍【技術革新(イノベーション)】

経済において利益をもたらす技術上の発明を，技術革新（イノベーション）といい，企業が果たす重要な役割である。技術革新によって，新しい商品がつくられたり，生産性の向上による価格の低下，品質の向上などがもたらされたりして，社会が発展していく。

近年では，インターネットが普及したことによって買い物や離れた地域とのコミュニケーションが便利になったことなどが挙げられる。

🔍【起業】

みずから新しく企業を起こすことを起業という。社会の変化に対応しながら商品を生産・販売したり，新たな商品の開発に取り組んだりする。近年は，株式会社などを設立するほかに，個人で企業を営んで活動する人も多くなっている。

起業するにあたって，どのような企業名にするか，どのような事業内容なのか，店の場所はどこか，開業するための資金はいくら必要かなどを示した企画書を書くと見通しが立てやすい。

🔍【土地】

企業が生産活動を行うために必要な資源の一つ。企業は店舗や工場を建てるために土地を必要とする。また，不動産業のように土地の売買で利益を得る企業もある。

🔍【労働力】

労働力とは，従業員など企業で働く人々のことである。しかし，企業によっては生産にかかる費用をおさえるため，労働力を人から機械に置きかえる場合がある。

◉128ページ 8行め

店舗や工場などを建てる土地，（…）資金などの**資本**が必要です。

〔**資本**〕

商品をつくるために必要な，工場や機械などの生産設備や経営資金などのお金のことをまとめて資本という。

◉128ページ 10行め

企業は，（…）なるべく多くの**利益（利潤）**を得ることを目的に生産を行っています。

〔**利益（利潤）**〕

利益（利潤）とは，企業が商品などを売って得た「売り上げ」から，生産や販売にかかった「費用（コスト）」を差し引いた金額である。利益は企業のもうけなので，一般には利潤の多い企業ほど規模が大きな企業といえる。企業は社会のルールを守ったうえで，限られた資源を使いつつ利益を多くするために，常に新製品の開発や品質のよい商品の生産などを追求している。

教科書の\答え/をズバリ!

資料活用 p.127　電気自動車が普及することで，社会にどのような変化が起こるか

例　走行中に二酸化炭素を排出しない電気自動車が普及すれば，地球温暖化の防止となる。

資料活用 p.128　売り上げと利益の違いは何か

例　売り上げは商品を売ったことで得た代金の総額のことで，利益は売り上げから商品の生産などにかかった費用を差し引いたもの。

パン屋を起業しよう① p.128　〜企画書を書いてみよう〜

例

【企業名】夢空ブーランジェリー

【事業内容】パンの製造・販売

【セールスポイント】素材にこだわったおいしいパンをつくります。

【店の場所】東京都新宿区内

【開業資金（元手）】自分の預金300万円

　　　　　　　　　銀行から借りる700万円

【その他】取引銀行　りんご銀行

　　　　　従業員　家族

確認しよう p.128　企業の活動の目的を本文から書き出す

企業は，こうした限りある資源をどれだけ使うかを選択しながら，なるべく多くの利益（利潤）を得ることを目的に生産を行っている。

説明しよう p.128　企業が経済活動において果たしている役割の説明

例　企業は商品を生産し，人々に雇用を提供している。また，社会の発展につながる新たな商品の開発・生産や技術の開発といった技術革新も，企業の重要な役割である。

CHECK! 確認したら✓を書こ

② 企業活動のしくみ

ポイント 企業には私企業と公企業の二つの形態があり，私企業は資本金や従業員数などの規模に応じて大企業と中小企業に分けられる。大企業のほとんどは株式会社であり，必要な資金は株式を発行して集められる。

教科書ナビ

●129ページ 1行め
多くの企業は，民間が経営する私企業ですが，国や地方公共団体が経営する公企業もあります。

●129ページ 5行め
私企業は，資本金や従業員数といった規模に応じて，大企業と中小企業にも分類されます。

●129ページ 12行め
規模ではなく（…）企業がベンチャー企業です。

●129ページ 16行め
日本で新たに設立された会社の約75％は株式会社です（2017年）。

●130ページ 3行め
株式会社は，必要となる資金を少額に分けた株式を発行して，（…）。

徹底解説

【私企業】
私企業とは，民間の人々が経営する企業で，多くの企業が私企業になる。私企業には，商店などの個人企業と，会社などの形をとる法人企業がある。法人企業の多くが株式会社という形態を取っている。

【公企業】
公企業とは，国や地方公共団体が経営する企業のこと。市営バスや上下水道など生活における重要度が高く，安定して供給される必要があるモノやサービスを公企業が扱うことが多い。

【大企業】
資金や経営の規模が大きな企業の総称。日本だけではなく世界中で有名な企業も多い。株式の発行や銀行の融資をもとにした多額の資金で大規模な事業や大量生産を行う。

【中小企業】
日本の全企業の約99％，雇用全体の6割以上を占める中規模から個人経営の小規模企業の総称。中小企業は人材や資金不足，経営者の高齢化など課題が多く，大企業と比べて不利な面もあるが，世界有数の技術で世界中と取り引きしている企業もある。

【ベンチャー企業】
起業年数が若く，新しい技術や事業のしくみで挑戦する企業のことである。起業当初は規模が小さいが，新しい市場を開拓して急成長し，大企業に成長する企業もある。

【株式会社】
株式会社とは，株式を発行することで，必要な資金を多くの人から集める会社の形態である。日本の企業の多くは株式会社である。かつて，株式会社を設立する際の資本金は1000万円以上必要だったが，2006年の会社法改正で1円以上に下げられた。

【株式】
株式とは，株式会社の所有権を分割したものである。証券取引所で取引される株式については2009（平成21）年より，紙による株券が廃止され，電子的な管理に統一された。これによって，株券の紛失や盗難，偽造などの心配が少なくなった。

○ **130ページ 4行め**
株式は（…）株式を
購入した個人や法人を
株主といいます。

🔍 〔**株主**〕

株主とは，株式を購入した個人や法人のことである。株主は，持っている株式の数に応じて，会社が得た利益の一部を配当として受け取ったり，株主総会に出席して会社の経営方針に意見を述べたりする権利を持っている。株主は会社に損失が出たり，倒産したりした場合でも，株式の価値がなくなる以上の責任を負う必要はない。

○ **130ページ 6行め**
株主は，**株主総会**な
どを通じて（…）**配当**
として支払われます。

🔍 〔**株主総会**〕

株主総会とは，株主によって構成され，会社の基本的な経営方針の決定や取締役などの役員の選出をすることができる意思決定機関である。株主は，持っている株式の数に応じて議決権を持ち，自分の意見を述べることができる。

🔍 〔**配当**〕

配当とは，会社があげた利潤の一部を，株主に分配すること。配当は，持っている株式の数に応じて分配される。会社の利潤が大きいときには，配当は多くなるが，会社の利潤が少ないときは，配当がゼロになることもある。

教科書の \答え/ をズバリ!

資料活用 p.129　N社のアクリルパネルの工夫

例　柱を使わずに大きな水圧に耐えることができ，透明感を落とさない工夫がなされている。

資料活用 p.129　会社数と売上高はどのような関係にあるか

例　会社数は中小企業が圧倒的に多いが，売上高は大規模な事業を行う大企業の方が多いので，会社数と売上高は比例しているわけではない。

パン屋を起業しよう② p.130　～どのような形態で起業する？～

選択肢	長所	短所
A	立地のいい場所に出店できる。	毎月の賃料がかかる。
B	店舗を借りる手間や通勤時間を短縮できる。	自宅の改装工事などの費用がかかり，立地が選べない。
C	店舗の賃料や開業費用が抑えられる。	販売量・販売地域・時間などに制限がある。

D：その他　例　インターネット通信販売
　長所：幅広い地域に販売でき，注文数に応じて製造できるので無駄が少ない。
　短所：実店舗がないので，店を知ってもらうための宣伝を工夫する必要がある。

確認しよう p.130　私企業がどのような分類で分けられるかを本文から書き出す

私企業は，個人商店などの個人企業と，会社などの形を取る法人企業に分けられる。

説明しよう p.130　中小企業はどのような企業か，大企業との関係や違いからの説明

例　中小企業は大企業と比べて資本金や従業員数が少なく，大企業の下請けをすることが多い。

③ 金融のしくみと働き

CHECK!
確認したら✓を書こ

ポイント 余っているお金を，必要としているところに融通することを金融といい，金融には直接金融と間接金融がある。また，現在ではICTとの融合が進んでおり，さまざまな金融サービスが展開されている。

教科書ナビ

●131ページ 5行め
（…）お金を融通するしくみを**金融**といいます。

●131ページ 6行め
銀行などの金融機関からの借り入れで資金を集めるしくみを**間接金融**といい，（…）直接借り入れて資金を集めるしくみを**直接金融**といいます。

●131ページ 8行め
株式や**債券**の発行などにより企業が投資家（資金の出し手）から（…）。

●131ページ 10行め
（…）返済にあたって**利子（利息）**が上乗せされた金額を受け取ります。

●132ページ 7行め
（…）情報通信技術（ICT）の発展とともに，**フィンテック**とよばれる，ICTと金融の融合がめざましく進んでいます。

徹底解説

🔍〔金融〕
金融とはお金に余裕がある家計や企業からお金を預かり，お金が不足している人や企業に貸すことで，両者の橋渡しをすることである。

🔍〔銀行〕
銀行は金融を行う機関として最も代表的なものである。銀行は家計や企業からお金を預かり（預金業務），お金を借りたい家計や企業に対して，審査したうえでお金を貸し出している（貸付業務）。

🔍〔金融機関〕
金融機関とは，金融のはたらきを担う機関のことである。金融機関には，銀行や証券会社，保険会社，ノンバンクなどがある。金融機関を通して家計や企業がお金を集めることを間接金融といい，企業が株式などを発行して直接資金を集めることを，直接金融という。

🔍〔債券〕
債券とは，企業や国，地方公共団体などが，広く投資家から資金を借り入れるために発行するものである。債券には満期（お金を返す日）が定められており，満期になると，投資家へ借りたお金を全額返さなければならない。

🔍〔利子（利息）〕
利子（利息）とは，借りたお金や預かったお金に一定の割合で支払われる対価のことである。銀行は，お金を借りた家計や企業から利子を受け取り，その一部を預金者に払っている。

🔍〔フィンテック〕
フィンテックとは，金融(Finance)と技術(Technology)をかけあわせた造語で，情報通信技術を活用し，革新的な新しい金融サービスを生み出したり，見直したりする動きのことである。インターネットやスマートフォン，AI（人工知能），ビッグデータなどを活用したサービスを提供する企業が次々登場している。

●132ページ 12行め
インターネット上で
（…）資金を集めるク
ラウドファンディング
も行われています。

🔍 〔クラウドファンディング〕

クラウドファンディングとは，群衆（Crowd）と資金調達（Funding）をかけあわせた造語で，自分の活動やアイディアを実現するために，インターネットなどを通じて，不特定多数の人に資金提供を呼びかけ，賛同した人から資金を集めるしくみのことである。

教科書の\答え/をズバリ！

資料活用 p.131 クラウドファンディングで資金を集める利点

例
● 個人でも資金の調達ができる。
● 企画を実行する前から，多くの人々の目に届くことによって，話題を呼ぶことができる。
● 製品を大量につくる前に，出資してもらったユーザーの意見を聞いて，製品を改良することができる。

パン屋を起業しよう③ p.132 〜起業の資金をどう調達する？〜

選択肢	長所	短所
A	まとまった金額の資金を借りることができる。	返済期限までに利息を含めた金額を返済しなければならない。
B	資金の返済の義務がない。	自分の貯金の範囲内で起業しなければならない。
C	金融機関とは異なった評価により資金を集めることができる。	同じような企画が多数あるなかで，差別化をはかるのが難しい。

D：その他 例 国や地方自治体の助成金や補助金を利用する
長所：低金利あるいは返済不要の制度もある。
短所：一定の基準を満たす必要があり，入金までの時間がかかる場合がある。

確認しよう p.132 金融機関の主な役割を本文から書き出す

例 金融機関は，家計や企業にお金を貸し出して，返済にあたって利子（利息）が上乗せされた金額を受け取る。一方で，家計や企業からお金を預かり，家計や企業がお金を引き出す際に，利子を上乗せした金額を支払う。

説明しよう p.132 金融機関が必要な理由を，「企業の技術革新」という視点からの説明

例 新たな商品や技術の開発や市場の開拓など，社会の発展にもつながる企業の技術革新には多額の資金が必要となる場合もあり，銀行のような金融機関からの融資が欠かせないから。

技能をみがく ライフプランからお金について考えてみよう

やってみよう1 p.133 ライフプランを立ててみよう

〜20代	30代	40代	50代	60代	70代	80代〜
例 ・就職 ・自動車購入	例 ・結婚 ・賃貸住宅 ・子ども誕生（一人目）	例 ・子ども誕生（二人目） ・保険と貯蓄	例 ・保険と貯蓄 ・子どもの進学	例 ・退職 ・田舎に引っ越す	例 ・旅行を楽しむ	例 ・新しい趣味を始める

・就職したらマイカーを購入したい。

・30代で結婚し，子どもは二人ほしい。

・住宅は賃貸にしようと思っている。

・リスクに備えて保険に入ろうと思う。

やってみよう2 p.133 ライフプランを実現するために必要なお金を表に記入してみよう

例	〜20代	30代	40代	50代	60代	70代	80代〜
収入	320万	480万	570万	610万	450万	380万	300万
支出	250万	370万	450万	510万	400万	320万	280万
貯蓄額	70万	110万	120万	100万	50万	60万	20万

ライフプランを実現するために必要なお金

・20代…マイカー購入費

・30代…結婚式の費用，子どもの教育費，保険料

・40代…子どもの教育費，保険料

・50代…子どもの教育費，保険料

・60代以降…老後資金

やってみよう3 p.134 どの金融商品を選択するか，表にまとめてみよう

例	預金	株式	債券	投資信託
1）		200万円		300万円
2）	250万円		250万円	

1）…3年後にある程度まとまった額のお金が必要であるため，大きな利益を得られる可能性がある株式と，得られる利益は減るが，リスクも小さい投資信託を組み合わせて購入する。

2）…老後の生活資金のために残しておくお金であるため，リスクの小さい債券と預金を組み合わせて運用する。

CHECK!
確認したら✓を書こう

教科書
135
〜
136
ページ

④ 企業競争の役割

ポイント 企業どうしが競争することで，消費者はよりよい商品を購入できる。競争が起きない状況は消費者に不利益となるので，独占やカルテルを防ぐために公正取引委員会は独占禁止法を運用して取り締まっている。

教科書ナビ

●135ページ 1行め
企業は（…）他の企業とライバルとして**競争**しています。

●136ページ 11行め
企業の健全な競争を保つために，（…）独占禁止法です。

●136ページ 12行め
そしてこの法律を（…）公正取引委員会です。

徹底解説

【競争】
ほかの企業より品質よく，価格の安い商品を供給できれば競争に勝てるが，負けた企業は市場から撤退する可能性が高くなる。競争は消費者にとってより優れた商品が提供される利点がある。

【独占禁止法】
同じ市場の複数の企業が協定を結んで価格や生産量などを一定水準以上に維持するカルテルや独占を防ぎ，健全で公正な競争状態を守る目的でつくられた法律である。

【公正取引委員会】
独占禁止法を運用して独占やカルテルを防ぎ，企業の健全な競争を維持するためにつくられた国の機関である。不正な価格操作の摘発と罰金の支払い命令，競争を制限する合併の規制などを行う。

教科書の\答え/をズバリ！

資料活用 p.135 各企業が競争相手に勝つために行っている工夫

例 ほかの企業と商品の差別化をはかっている。

資料活用 p.135 一番生産が集中しているもの

家庭用ゲーム機

パン屋を起業しよう④ p.136 〜利益をどう回復させる？〜

選択肢	長所	短所
A	価格以外の面で商品を気に入り，次回も来店してくれる。	価格を元に戻したときに来店しなくなる可能性がある。
B	差別化された商品を好む新たなお客が増える。	今までの路線を好んでいたお客が離れる。
C	今までの売り上げでも利益が増やせる。	設備購入のための費用がかかる。

D：その他 **例** SNSを活用して宣伝し，新たな客層を発掘する。

長所：宣伝のための費用がほぼかからず，幅広い地域・年代に情報を発信できる。

短所：SNSの運用に時間と手間がかかる。

確認しよう p.136 企業競争の長所を本文から書き出す

ライバル企業との競争は，より優れた商品が世の中に送り出されることにもつながります。

説明しよう p.136 競争がなくなると私たちの生活にどのような影響があるかの説明

例 競争がなくなると，商品が安く提供されず，価格の高い商品を購入せざるをえなくなる。

⑤ 働くことの意義と労働者の権利

ポイント　私たちはそれぞれの職業で働くことで社会を成立させている。労働者の権利はさまざまな法律で守られ，性別による差別も禁止している。近年では外国人労働者を受け入れる体制の整備も進められている。

教科書ナビ

●137ページ 13行め
労働基本権を（…）最低基準が**労働基準法**で定められています。

●137ページ 14行め
労働者が（…）**労働組合**を結成する権利は，**労働組合法**で認められています。

●137ページ 16行め
労働者と使用者の対立を予防・解決するために，**労働関係調整法**も定められています。

●138ページ 5行め
そこで1986（昭和61）年には**男女雇用機会均等法**が施行され，（…）。

徹底解説

〔労働基準法〕
労働基準法とは，労働者の賃金や労働時間，休日，年次有給休暇などの労働条件の最低基準を定め，労働者を保護することを目的とした法律。パートタイマーやアルバイトを含め，労働者を雇うすべての企業が守る必要がある。法律に基づく監督は，労働基準局や労働監督署によって行われている。

〔労働組合〕
労働組合とは，労働者の労働条件の改善や生活の安定を守ることを目的とした組織。労働組合は，一人では立場が弱い労働者の権利を守り，生活を向上させるため，使用者（会社側）と対等な立場で交渉を行う。

〔労働組合法〕
労働組合法とは，労働者が労働組合を組織して，団体で使用者と交渉することを認めた法律。使用者が，労働組合の活動をさまたげたり，組合員に不当な扱いをしたりすることを禁じている。

〔労働関係調整法〕
労働関係調整法とは，労働者と使用者の対立を予防・解決するための法律。労働委員会が使用者と労働者の対立を調停するための斡旋・調停・仲裁の手続きなどが定められている。

なお，労働基準法，労働組合法，労働関係調整法を労働三法という。

〔男女雇用機会均等法〕
男女雇用機会均等法とは，職場での男女平等を確保して，男女が採用・賃金・労働条件などで差別を受けずに，家庭と仕事が両立できるように制定された法律のこと。

しかし，実際には男女間の賃金格差や，女性が妊娠，出産や育児のために仕事を中断するといった問題が残っている。

○138ページ 11行め
今日では，**外国人労働者**を積極的に雇用する企業も増えています。

🔍 **〔外国人労働者〕**
外国から日本に働きに来ている労働者のこと。おもにアジアや中南米系の人が多い。少子高齢化が進む日本では不足する労働力を補うため，介護や農業分野などで受け入れ体制の整備などが進められている。しかし，労働条件で不利な扱いを受けるなどの問題も起きている。

教科書の\答え/をズバリ！

資料活用 p.137　将来何を重視して働くか

例
- 将来は，生まれ育った場所に帰って地元のためになる仕事をしたい。
- 将来が不安なので，できるだけお金が稼げる仕事をしたい。
- 絵を描くことが得意なので、それを生かせる仕事をしたい。

資料活用 p.138　女性の労働力率について，日本の数値の変化に着目する

例　かつての日本では、出産や育児で仕事を中断する女性が多く20代から30代にかけての労働率が低かったが、近年では改善されてきている。

パン屋を起業しよう⑤ p.138　〜人手不足にどう対応する？〜

例

選択肢	長所	短所
A	提示された条件で働くことに意欲的な人材を集めることができる。	募集を載せられる期間に限りがあり、人材が集まらない可能性がある。
B	みずから人材を探す必要がなく、信頼できる人を確保することができる。	人材紹介会社や人材派遣会社に対して費用を払う必要がある。
C	欲しい人材をみずから確保できる可能性が高まる。	ＳＮＳでは信頼できる人かわからず、自分で労働条件などを交渉する必要がある。

D：その他　例　知り合いや友人など身近な人に紹介してもらう

長所：気軽に募集をすることができ，費用がかからない。

短所：人伝いに募集をするので，人材が集まらない可能性がある。

確認しよう p.138　労働者の権利を保障している三つの法律を本文から書き出す
- 労働基準法
- 労働組合法
- 労働関係調整法

確認しよう p.138　「分業」と「社会」という言葉を用いて，働くことの意義の説明

例　私たちの「社会」はさまざまな職業の人々の「分業」で成り立っている。働くことにより社会を支えていくことが、働くことの意義の一つである。

⑥ 労働環境の変化と私たち

ポイント 日本企業の特色であった終身雇用や年功序列型の賃金制度は，近年，非正規雇用の増加や成果主義の採用で変化している。また，働き方も仕事と生活の調和の実現が求められ，柔軟な働き方が選択できる。

教科書ナビ

●139ページ 1行め
かつては日本企業の多くが，一つの企業で定年まで働く**終身雇用**や，年齢とともに給与が増える**年功序列型**の賃金制度を採用してきました。

●139ページ 5行め
年齢や労働時間ではなく，（…）**成果主義**など，（…）。

●139ページ 9行め
アルバイトやパートタイマー，派遣労働者などの**非正規雇用**の形態で（…）。

●140ページ 6行め
こうした仕事と生活が（…）仕事と生活の調和（**ワーク・ライフ・バランス**）の実現が求められています。

徹底解説

〔終身雇用〕

終身雇用とは，企業が正規に雇用した従業員を，定年まで雇用し続けること。年功序列型の賃金とともに，かつては日本企業の特色であり，このため一人の労働者が定年まで同じ企業で働き続けることが多かった。近年は働き方の多様化や，企業の人件費抑制などを背景に変化しつつある。

〔年功序列〕

年功序列とは，年齢とともに賃金や社内での地位が上がっていく制度。日本企業の特色であったが，近年では従業員の高齢化などで維持することができず，成果主義の賃金に変える企業も増えている。

〔成果主義〕

年齢や労働時間にかかわらず，仕事の成果によって賃金や社内での地位が変わる制度。近年では年功序列に代わって導入する企業が増えている。

〔非正規雇用〕

正社員以外の，契約社員・派遣社員・パートタイマー・アルバイトなどの臨時的な雇用による社員のことを非正規雇用者という。
　非正規雇用は企業にとって業務の忙しさにあわせて雇用者の数を調整できるというメリットがあるが，働く人にとっては正社員との賃金や待遇の格差，雇用がいつ打ち切られるかわからない不安定さなど，さまざまな問題がある。そのため，政府は雇用形態に関係なく，業務に応じて賃金を決める同一労働同一賃金の導入を進めている。

〔ワーク・ライフ・バランス〕

仕事と生活のバランスという意味である。日本では，長時間の時間外労働などで私生活や健康がそこなわれる人が多い。また，働きすぎによる過労死や過労自殺のほか，育児や介護で休暇を取った人の職場復帰が困難な状況などが起きている。これらの状況を改善するために，企業にはワーク・ライフ・バランスに配慮した取り組みが求められている。

○**140ページ 12行め**
(…)性別を問わず
(…)育児・介護休業法が改正されています。

🔍 **〔育児・介護休業法〕**

労働者が，育児や家族の介護と仕事を両立するための制度を定めた法律。1992（平成4）年に施行された育児休業法に，1999（平成11）年に介護休業制度が加えられた。この法律によって，性別や年齢を問わず育児・介護休暇を取得でき，仕事に復帰しやすい環境が整備されたが，育児休暇に関しては2018年度の男性の取得率は約6％と低い。

教科書の\答え/をズバリ!

資料活用 p.139 企業が職場環境の改善を図っているのはなぜか

例 近年では長時間労働や労働力人口不足などが問題となっているので，短い時間で効率よく働き，成果を出すことができるようにするため。

資料活用 p.139 正社員と非正規雇用の賃金格差が一番大きいのはどの世代か

50〜54歳

パン屋を起業しよう⑥ p.140 〜長時間労働を減らしたい！〜

例

選択肢	長所	短所
A	人件費を抑えることができ，効率よくお客をレジに通すことができる。	システムに問題が発生するなどして，セルフレジが使えなくなった時は人手不足になる可能性がある。
B	不要な残業を抑えることができ，効率よく働く意欲が出る。	仕事の速さを優先するあまり，商品の質が落ちる可能性がある。
C	従業員のワーク・ライフ・バランスを取りやすくなる。	店を閉めた分の利益がなくなる。

D：その他 例 人員を増やす

　長所：一人当たりの労働時間を減らし，分業することで効率化を図ることができる。

　短所：人件費がかかる。

確認しよう p.140 近年多様化してきた労働形態を本文から書き出す

フリーランス，アルバイト，パートタイマー，派遣労働者，テレワーク

説明しよう p.140 「非正規雇用」という言葉を用いて，労働環境の変化により起こっている問題の説明

例 非正規雇用の形態で働く労働者を雇用する企業が多くなったことで，正社員との賃金をはじめとする労働条件の格差や不安定な雇用状況などが問題となっている。

⑦ 企業の社会的責任

> **ポイント** 企業は消費者の生活を豊かにする役割を担う一方で，さまざまな<u>社会的責任</u>も負い，文化的活動などの支援を行っている。また，近年は人権や環境に配慮した企業に投資するESG投資という動きがみられる。

教科書ナビ

●141ページ 4行め
例えば，低賃金で（…）**セクシャルハラスメント**への対策をとらなかったり（…）。

●141ページ 7行め
（…）企業はさまざまな**社会的責任**を果たしています。

●142ページ 公民プラス
こうした取り組みは，**メセナ**とよばれます。

●142ページ 11行め
近年では，**ESG投資**として（…）。

徹底解説

【セクシャルハラスメント】

セクシャルハラスメントとは，性別を理由にいやがらせや不利益を与えたり，性的な言葉や行為で相手を不快にさせたりすることである。日本では，1999（平成11）年の改正<u>男女雇用機会均等法</u>の施行によって雇用主に対して女性へのセクシャルハラスメントの防止が義務付けられ，2007（平成19）年の改正では保護する対象を男性に拡大し，雇用主により防止に対する取り組みを強化するように義務付けた。

【社会的責任】

企業は，利益を追求するだけでなく，そこに関わるすべての人や社会に，多くの福利をもたらす活動をしなければならないという社会的責任を負っている。例えば，働きやすい職場の整備など，従業員に対する責任が挙げられる。

企業の<u>社会的責任</u>は，英語の Corporate Social Responsibility の頭文字を取って<u>CSR</u>ともいわれる。

【メセナ】

<u>メセナ</u>とは，企業が賃金，人材，施設などを提供して，本業と直接には関係のない文化的活動や，社会的に意義のある活動の運営やその支援をすること。具体的には，美術館の建設や，コンサートやスポーツ大会などの開催がある。

【ESG投資】

人権や環境への配慮が十分な企業に対して積極的な投資をしたり，配慮が不十分な企業に投資をしなかったりすること。環境（Environment），社会（Social），企業統治（Governance）の頭文字をとって<u>ESG投資</u>とよばれている。

環境では温暖化対策や生物多様性の保護，社会では地域社会への貢献や人権への配慮，企業統治では法律を守る経営や情報開示などが評価基準となっている。これらで高い評価を得た企業に投資することは，「<u>持続可能な社会</u>」の実現につながっている。

教科書の 答え をズバリ!

資料活用 p.141　企業が被災地の支援を行う意義

例　企業として利潤の追求だけでなく地域社会に対する社会的責任を果たすこと。

パン屋を起業しよう⑦ p.142　～「食品ロス」ゼロを目指すには？～

選択肢	長所	短所
A	売れ残る商品を減らすことができる。	値下げ作業やレジでの清算に手間がかかる。
B	長く商品を販売できるので，売れ残りを少なくすることができる。	欲しい商品がなくなったことでお客が減る可能性が高くなる。
C	「食品ロス」をゼロに近づけることができ，数量限定にすることで他の店と差別化が図れる。	販売数が少なくなることで売り上げが減る可能性がある。

D：その他　例　注文を受けた数だけ販売する

　長所：「食品ロス」をゼロにすることができる。

　短所：注文数が少ないと売り上げが大きく減ってしまう。

確認しよう p.142　企業の社会的責任を本文から三つ書き出す

- 従業員への責任
- 株主をはじめとする投資家に対しての責任
- 国際社会への責任

説明しよう p.142　企業にとって，人権や環境に配慮する意義の説明

例　人権や環境に配慮することでESGの観点で高い評価を得ることができ，ESG投資などによって資金が集まりやすくなる。

振り返ろう p.142　「消費者」「従業員」「国際社会」という言葉を用いて，経済活動において企業が果たす役割や責任の説明

例　企業はよりよい商品を安く提供することで**消費者**の生活を豊かにする役割を担っているほか，**従業員**や**国際社会**など企業に関わりのあるすべてに対する社会的責任を負っており，職場環境の整備や人権の保護など積極的な貢献が求められている。

アクティブ公民

企業の企画書を完成させよう
〜あなたの起こしたい企業は〜

1 今までの学習を振り返ろう

やってみよう1 **p.143** パン屋の経営を振り返って，考えを書こう

②どのような形態で起業する？

あなたの考えは？…**例** 駅の近くなど立地がよい場所で販売したいので，建物を借りる。

③起業の資金をどう調達する？

あなたの考えは？…**例** 開業資金で賄い，足りない分は金融機関から借りる。

④利益をどう回復させる？

あなたの考えは？…**例** ＳＮＳを活用して宣伝することで，幅広い層のお客を呼び込む。

⑤人手不足にどう対応する？

あなたの考えは？…**例** 費用を抑えたいので，求人サイトや情報誌などで募集する。

⑥長時間労働を減らしたい！

あなたの考えは？…**例** 効率的に働いてもらいたいので，残業時間を減らした従業員を評価するシステムに変更する。

⑦「食品ロス」ゼロを目指すには？

あなたの考えは？…**例** 売り上げも確保したいので，消費期限が近づいた商品を値下げしつつ，数量限定で販売する商品を増やす。

技能をみがく 自分が起こしたい企業の企画書を書こう

例

企業名	株式会社　ＳＹＵＮ
事業内容	ペット用品の販売
セールスポイント	世界中のかわいいペット用品をそろえています
キャッチコピー	お気に入りの一品をあなたに
事業所	本社…東京
資本金	3000万円
従業員数	約20人
取引先	千代田銀行
採用方針	アイデアや熱意を重視します
労働条件	10〜18時，店の売り上げによって賃金をアップします
福利厚生	有給休暇40日，育児休業・介護休業制度，時短勤務制度
社会的責任	犬や猫の殺処分を減らす取り組みや保護団体を支援します

❸ パン屋の企画書を修正しよう

やってみよう2 p.144 パン屋の経営を振り返って，企画書を完成しよう

企業名	株式会社 夢空ブーランジェリー
事業内容	パンの製造・販売
セールスポイント	素材にこだわりぬいたおいしいパンをつくり，お客様を満足させます
キャッチコピー	こだわりのパンをあなたに届けます
事業所	東京都新宿区高田馬場
資本金	1000万円
従業員数	家族と正社員5名 パート社員5名
取引先	りんご銀行，いちご製粉，もも牧場
採用方針	パンが好きで，アイデアや企画力がある人材を重視します
労働条件	5〜13時勤務，13時〜20時勤務の交代制 休憩時間1時間 時給1000円 新しいパンや企画が採用されれば賃金をアップします
福利厚生	有給休暇年30日，産休・育児休業制度，介護休業制度 短時間勤務制度
社会的責任	「食品ロス」を減らします 女性の活躍を推進し，障がいのある人や外国人を積極的に雇用します 地域の文化活動を応援します

最初の企画書から変更した点

- セールスポイントとキャッチコピーを新しく設定した。
- 事業所を設けたい場所を具体的に示した。
- 従業員数と採用方針を設定して，従業員数と欲しい人材を具体的に示した。
- 労働条件と福利厚生を設定して，労働環境を具体的に示した。
- 企業の社会的責任を果たすため，取り組む課題を示した。

パン屋を起業しよう（解答まとめ）

1 企画書を書いてみよう （教科書p.128）

P.113参照

2 どのような形態で起業する？ （教科書p.130）

選択肢	長所	短所
A	立地のいい場所に出店できる。	毎月の賃料がかかる。
B	店舗を借りる手間や通勤時間を短縮できる。	自宅の改装工事などの費用がかかり，立地が選べない。
C	店舗の賃料や開業費用が抑えられる。	販売量・販売地域・時間などに制限がある。

D：その他　**例**　インターネット通信販売

　長所：幅広い地域に販売でき，注文数に応じて製造できるので無駄が少ない。

　短所：実店舗がないので，店を知ってもらうための宣伝を工夫する必要がある。

3 起業の資金をどう調達する？ （教科書p.132）

選択肢	長所	短所
A	まとまった金額の資金を借りることができる。	返済期限までに利息を含めた金額を返済しなければならない。
B	資金の返済の義務がない。	自分の貯金の範囲内で起業しなければならない。
C	金融機関とは異なった評価により資金を集めることができる。	同じような企画が多数あるなかで，差別化をはかるのが難しい。

D：その他　**例**　国や地方自治体の助成金や補助金を利用する

　長所：低金利あるいは返済不要の制度もある。

　短所：一定の基準を満たす必要があり，入金までの時間がかかる場合がある。

4 利益をどう回復させる？ （教科書p.136）

選択肢	長所	短所
A	価格以外の面で商品を気に入り，次回も来店してくれる。	価格を元に戻したときに来店しなくなる可能性がある。
B	差別化された商品を好む新たなお客が増える。	今までの路線を好んでいたお客が離れる。
C	今までの売り上げでも利益が増やせる。	設備購入のための費用がかかる。

D：その他　**例**　SNSを活用して宣伝し，新たな客層を発掘する

　長所：宣伝のための費用がほぼかからず，幅広い地域・年代に情報を発信できる。

　短所：SNSの運用に時間と手間がかかる。

5 人手不足にどう対応する？ （教科書p.138）

選択肢	長所	短所
A	提示された条件で働くことに意欲的な人材を集めることができる。	募集を載せられる期間に限りがあり，人材が集まらない可能性がある。
B	みずから人材を探す必要がなく，信頼できる人を確保することができる。	人材紹介会社や人材派遣会社に対して費用を払う必要がある。
C	欲しい人材をみずから確保できる可能性が高まる。	ＳＮＳでは信頼できる人かわからず，自分で労働条件などを交渉する必要がある。

D：その他　例　知り合いや友人など身近な人に紹介してもらう

　長所：気軽に募集をすることができ，費用がかからない。

　短所：人伝いに募集をするので，人材が集まらない可能性がある。

6 長時間労働を減らしたい！ （教科書p.140）

選択肢	長所	短所
A	人件費を抑えることができ，効率よくお客をレジに通すことができる。	システムに問題が発生するなどして，セルフレジが使えなくなった時は人手不足になる可能性がある。
B	不要な残業を抑えることができ，効率よく働く意欲が出る。	仕事の速さを優先するあまり、商品の質が落ちる可能性がある。
C	従業員のワーク・ライフ・バランスを取りやすくなる。	店を閉めた分の利益がなくなる。

D：その他　例　人員を増やす

　長所：一人当たりの労働時間を減らし，分業することで効率化を図ることができる。

　短所：人件費がかかる。

7 「食品ロス」ゼロを目指すには？ （教科書p.142）

選択肢	長所	短所
A	売れ残る商品を減らすことができる。	値下げ作業やレジでの清算に手間がかかる。
B	長く商品を販売できるので，売れ残りを少なくすることができる。	欲しい商品がなくなったことでお客が減る可能性が高くなる。
C	「食品ロス」をゼロに近づけることができ，数量限定にすることで他の店と差別化が図れる。	販売数が少なくなることで売り上げが減る可能性がある。

D：その他　例　注文を受けた数だけ販売する

　長所：「食品ロス」をゼロにすることができる。

　短所：注文数が少ないと売り上げが大きく減ってしまう。

❶ 景気の変動とその影響

> **ポイント** 景気は好況と不況を繰り返す。この景気変動は私たちの生活だけではなく，国内総生産（GDP）や物価の変動にも影響を与えている。政府や日本銀行は，景気や物価を安定させるために政策を行っている。

教科書ナビ

● 145ページ 1行め
家計や企業を（…）特に重要なのが**景気変動**です。

● 145ページ 3行目
一般に**好況（好景気）**のときは，家計は商品をたくさん買おうとします。

● 145ページ 9行め
景気が後退して（…），**不況（不景気）**に向かいます。

● 145ページ 11行め
売り上げの不振から，従業員の数を減らす**リストラ**が行われる場合もあります。

● 145ページ 12行め
すると働いていた人は職を失い，**失業者**が増えます。

● 145ページ 16行め
一国の経済活動の規模は，主に**国内総生産（GDP）**で測られます。

徹底解説

🔍 **【景気変動】**
経済の状態が一定の周期で，好況→景気後退→不況→景気回復，のように繰り返すことをいう。景気はすべての企業に大きな影響を与える。

🔍 **【好況（好景気）】**
好況（好景気）とは，商品がよく売れる時期のことである。好況のときには家計は商品をより買おうとするので，企業は生産を拡大し，そのために設備投資をしたり，従業員の雇用を増やそうとしたりする。すると，働いている人の所得が増えるようになるので，さらに商品が売れ，企業が生産を拡大するという循環が生まれる。

🔍 **【不況（不景気）】**
不況（不景気）とは，商品が売れなくなる時期のことである。不況のときには商品が売れないので，企業は生産を縮小したり，賃金を減らしたりする。そのため，働いていた人が職を失ったり，働いている人の所得が減ったりするので，さらに商品が売れなくなり，企業は生産を縮小するという悪循環が生まれる。

🔍 **【リストラ】**
不況のときなどに，企業が事業を見直し，整理することを，リストラという。リストラとは，リストラクチャリング（restructuring）の略でもともとは「再構築」という意味であるが，日本では企業の人員整理に使われることが多い。企業はバブル経済崩壊以降の不況をのりきるため，大規模なリストラを行うなどの合理化を進めた。

🔍 **【失業者】**
不況になると，企業は生産を減らすために従業員を減らすことがある。そのようにして，仕事を失った人を失業者という。失業者のうち，働く意思と能力をもって求職活動を行いながらも，就職の機会を得られない人を完全失業者という。

🔍 **【国内総生産（GDP）】**
一国の経済活動の規模を測る指標で，Gross Domestic Product の頭文字をとってGDPともよばれる。1年間に国内で生産されたモノやサービスの合計額から，原材料などの価格を差し引いて計算される。

○**146ページ 2行め**
経済の規模，つまりGDPが増えていくことを**経済成長**といいます。

🔍 **【経済成長】**
経済の規模が拡大していくことを経済成長という。一般的には国内総生産（GDP）の増加によって測られ，その増加率を経済成長率という。GDPの増加を持続させるためには，労働力などの増加や技術革新などが必要とされている。

○**146ページ 6行め**
物価が上がり続ける現象を**インフレーション（インフレ）**，下がり続ける現象を**デフレーション（デフレ）**とよびます。

🔍 **【インフレーション】**
インフレーション（インフレ）とは，物価が上昇し続ける現象で，好況のときに起きやすい。一方で極端なインフレの状態は，お金の価値を減少させる。

🔍 **【デフレーション】**
デフレーション（デフレ）とは，物価が下がり続ける現象で，不況のときに起きやすい。物価が下がることは，企業の売り上げが減ることでもあり，賃金が減る。家計は，所得が減ることへの不安から商品を買うことをひかえ，さらに企業の売り上げが落ちるという悪循環が生まれる。

教科書の 答え をズバリ！

資料活用 p.145 **商品を開発するN社の思い**
例 品質のよい製品をお客の求める価格で提供できるようにしたいと思っている。

資料活用 p.146 **バブル経済期の地価に着目する**
例 「バブル」とよばれる状態になった1980年代後半から地価が異常に上がったが，90年代に入ると急激に下がった。

確認しよう p.146 **好況（好景気）と不況（不景気）の時に起こることを本文から書き出す**
好況の時…家計は商品をたくさん買おうとする。すると企業も生産を増やそうとして，設備投資や新たな従業員の雇用を積極的に行う。商品が売れて企業の売り上げが増えると，賃金も増えることから，家計の消費も増えていき，さらに景気が拡大していく。

不況の時…売り上げの不振から，従業員の数を減らすリストラが行われる場合もある。すると働いていた人は職を失い，失業者が増える。

説明しよう p.146 **極端な景気変動が望ましくない理由を説明する**
例 極端な景気変動によって所得が大きく変わると，私たちの生活が不安定になり，経済活動に悪影響を与えるため。

② 日本銀行と金融政策

> **ポイント** 日本銀行は，紙幣を発行したり，政府のお金を出し入れしたりするなどの役割を担うほか，景気変動を安定化させるため金融政策を行っている。近年では，デフレを解消するために金融緩和を行っている。

教科書ナビ

●147ページ 1行め

銀行の一つに，**中央銀行**という特別な銀行があります。

●147ページ 2行め

日本の中央銀行は**日本銀行**であり，（…）。

●147ページ 3行め

日本銀行は，（…）唯一の銀行（**発券銀行**）です。

●147ページ 5行め

政府のお金を出し入れする「**政府の銀行**」でもあります。

●147ページ 6行め

さらに，「**銀行の銀行**」として，（…）。

徹底解説

〔中央銀行〕

中央銀行とは，その国の金融の中心となる銀行。中央銀行は紙幣（日本銀行券）の発行や，一般の銀行への貸し出しや，国の資金の出し入れ，景気の安定のための金融政策など，国内の経済活動全般にわたる働きをもつ。

〔日本銀行〕

日本銀行とは，日本の唯一の中央銀行として，日本の金融や経済の中心的な役割を果たしている金融機関。1882（明治15）年の日本銀行条例によって設立された。金融機関以外の企業や家計との取り引きは行っていない。

〔発券銀行〕

発券銀行とは，紙幣を発行できる銀行のことである。日本では，中央銀行である日本銀行のみが紙幣（日本銀行券）を発行でき，発行された紙幣の価値を保証する。また，硬貨は政府が発行している。

〔政府の銀行〕

日本銀行は，国の資金の出し入れをするため，政府の銀行とよばれる。さらに，日本銀行は国債の発行や為替相場などにもかかわっている。

〔銀行の銀行〕

日本銀行は，ふつうの金融機関と同じようにお金を貸し出すが，貸し出す先は金融機関に限られていて，それ以外の企業や家計とは取り引きをしない。そのため，銀行の銀行とよばれている。

金融機関が倒産すると私たちの生活に大きな影響を与えるため，日本銀行は金融機関の経営状態を確認し，必要に応じて特別な貸し出しを行っている。

○147ページ 15行め
日本銀行は（…）金融政策を行っています。

🔍〔金融政策〕
金融政策とは，日本銀行が通貨の量や流れを調整することで，物価や景気を安定させる政策のことである。

・不況のとき…金融機関がもつ国債などを買い上げて，市場に出まわるお金を増やすことで，企業や家計がお金を借りやすくする。
・好況のとき…国債を売って，市場に出まわるお金を減らすことで，景気のいきすぎを防ぐ。

○148ページ
④日本銀行の金融政策

🔍〔日本銀行の金融政策〕
日本銀行の金融政策の中心として，公開市場操作がある。公開市場操作とは，景気の変動に応じて，日本銀行と金融機関との間で国債などを売買することで，世の中に流通するお金の量を調整すること。

・不況のとき…金融機関から国債などを買うことで流通するお金の量を増やし，企業や家計がお金を借りるときの利息（貸出金利）を下げることで消費や投資をうながして，景気を上向かせる。
・好況のとき…金融機関に国債を売ることで流通するお金の量を減らし，企業や家計がお金を借りるときの利息（貸出金利）を上げることで消費や投資を減らし，景気を落ち着かせる。

○148ページ 11行め
日本銀行も金融緩和を行ってきましたが，（…）。

🔍〔金融緩和〕
金融緩和とは，不況のときに金利を引き下げて企業や家計がお金を借りやすくすることで，景気を上向かせようとする金融政策のことである。日本では，1990年代から続くデフレを解消するため，2013年に金融緩和政策が打ち出された。

教科書の 答え をズバリ！

資料活用 p.147 日本銀行がこのような政策を発表した理由
例 デフレから脱却して物価を上昇させることで，家計の消費をうながして企業に設備投資をさせ，景気を上向きにするため。

確認しよう p.148 日本銀行の三つの役割を本文から書き出す
・発券銀行
・政府の銀行
・銀行の銀行

説明しよう p.148 「物価の変動」「景気の変動」という言葉を用いて，日本銀行が金融政策を行う理由を説明する
例 物価の変動を抑えて景気の変動を安定化させることで，極端に景気が変動したり，物価が変動したりして私たちの生活が不安定になることを防ぐため。

❸ グローバル化と日本経済

ポイント 為替の変動は商品の価格など，国内市場に影響を与える。近年は多国籍企業となる企業がある一方で，国内では雇用が失われ，産業が衰退するなど空洞化している。また，経済危機も拡大しやすくなっている。

教科書ナビ

●149ページ 4行め
そうした海外の商品に対する(…)為替レートです。

●149ページ 6行め
外国の通貨（外貨）に対し円の価値が高くなることを円高，低くなることを円安といいます。

●150ページ
④円高・円安が私たちの生活に与える影響

●149ページ 16行め
今日ではグローバル化に伴い，(…)。

徹底解説

🔍 **【為替レート】**
為替レートとは，円と外国の通貨を交換するときの交換比率のこと。モノやサービスの価格と同じように需要と供給のバランスによって変化する。

🔍 **【円高】**
外国の通貨に対して，円の価値が高くなることを円高という。外国の通貨に比べて円に交換したいと思う人や企業が多ければ，円の供給に対して需要が増えるので，円の価格が高くなる。

🔍 **【円安】**
外国の通貨に対して，円の価格が低くなることを円安という。円を外国の通貨に交換したいと思う人や企業が多ければ，円の需要に対して供給が増えるので，円の価値は低くなる。

🔍 **【円高・円安が私たちの生活に与える影響】**
円高のとき…同じ円で多く外国の通貨を得ることができる。
・海外旅行へ行く→たくさんのお金を使える。
・自動車の輸出→外国の消費者が自動車を買うには，より多くの外国の通貨を必要とするのであまり売れなくなる。
円安のとき…同じ円で得られる外国の通貨が減る。
・海外旅行へ行く→使えるお金が減る。
・自動車の輸出→外国の消費者が自動車を買うのに必要なお金は減るので，たくさん売れるようになる。

🔍 **【グローバル化】**
地球上のさまざまな地域や国のつながりが強まって，一体化していくことをグローバル化という。経済においてもグローバル化が進むことで，企業はより多くのライバルと競争する必要にせまられる。
　一方，消費者にとっては，競争によってよりよい商品を安く手に入れたり，世界中の商品が手に入れられたりするようになる。

○**149ページ 17行め**
このような企業は多
国籍企業とよばれます。

🔍【多国籍企業】

多国籍企業とは，海外に工場などを移し，生産や販売などの経済活動を世界規模で行う企業のことである。日本の企業が海外に進出する理由には，おもに，鉱産資源や原材料を直接入手する，販売市場を拡大する，低賃金の国で生産を行い費用を下げるなどがある。また，税率が低い国に活動の拠点を移すことで，納税額を減らそうとする場合があり問題となっている。

○**150ページ 1行め**
工場が海外に移転すれば，（…），産業が衰退する（**空洞化**）おそれもあります。

🔍【産業の空洞化】

アジア諸国など，安い費用で生産できる海外に工場を移転することで，国内の工場が閉鎖されて，そこで働いていた人が職を失い，国内産業が衰退することを，産業の空洞化という。

このような産業の空洞化をさけるために，国内ではほかの国ではつくることのできない，高品質の新しい商品を開発したりしている。

○**150ページ 15行め**
2008年の**世界金融危機**も，（…）。

🔍【世界金融危機】

2008年の世界緊急危機は，前年から起きていた深刻な不良債権問題によってアメリカの大手証券会社リーマン・ブラザーズが破綻したことがきっかけとなり発生した。世界中の株価が下落して世界同時不況になり，日本でもアメリカのドルが大量に売られたことから急激な円高が進み，輸出の利益が大幅に減少した。

教科書の 答え をズバリ!

資料活用 p.149 日本の企業が海外にも進出する理由

例　海外の市場の需要による利益を求めたり，賃金が安い国で生産を行うことで費用を抑えたりするため。

資料活用 p.150 円高・円安のときに得する人はどんな人か

円高のとき…海外旅行に行く人，海外からものを輸入する企業など

円安のとき…海外から日本に来る人，海外にものを輸出する企業など

確認しよう p.150 為替レートが変動する理由を本文から書き出す

円高や円安になるのは，商品の価格の変化と同様に，需要と供給の関係で決まる。外貨から円に交換したいという企業や人が多ければ，円の需要が増えて円高になる。

説明しよう p.150 グローバル化の進行によって生まれる危機を説明する

例　グローバル化の進行に伴い，企業が工場などを海外に移すと国内の産業が衰退して空洞化するおそれや，世界金融危機などの経済危機が広がりやすくなることで輸出企業やその下請け企業に悪影響を及ぼす。

CHECK!

確認したら✓を書こう

④ これからの日本の経済と私たち

ポイント 近年，経済活動は通信技術の発展によってデジタル化が進み，人工知能（AI）の開発は今後の経済成長を支えると期待されるが課題も多い。また，農業分野では国際貿易のなかで自由化が進められている。

教科書ナビ

● 151ページ 5行め
さまざまな経済活動が（…）経済活動のデジタル化とよばれます。

● 151ページ 15行め
日本が国際的な競争力を持つ「ものづくり」産業でも，（…）。

● 152ページ 15行め
日本はTPP11協定を結ぶなど，（…）。

徹底解説

🔍 **〔経済活動のデジタル化〕**
経済活動のデジタル化とは，インターネットを通じて，さまざまな経済活動が提供されていく現象のこと。近年では，情報通信技術（ICT）を利用して，モノやサービスを共有したり，貸し借りしたりするしくみが注目されている。

🔍 **〔ものづくり〕**
高度な技術や知識によって国際的な競争力をもつ日本の産業を表す言葉。多くは製造業に用いられ，「ものづくり」産業といわれる。近年ではデジタル化が進み，「ものづくり」産業の代表例である自動車産業でもICT産業との提携が進んでいる。

🔍 **〔TPP11協定〕**
Trans-Pacific Partnership のことで，頭文字をとってTPP11協定とよばれている。太平洋をとりまく諸国が，貿易の自由化など経済分野で互いに協力をすることを目的として，日本を含めて11か国が締結している。

教科書の答えをズバリ！

資料活用 p.151 ドローン技術が普及すると社会にどのような変化が起こるか

例 ドローンで宅配便や郵便を運ぶことで，運送業の人手不足が解消され，離島や山間部などの配送が難しい地域にものを運びやすくなる。

確認しよう p.152 経済活動のデジタル化の現象を本文から書き出す

インターネットを通じて音楽や映画・ゲームを楽しむ人や，本や新聞・雑誌をスマートフォンやタブレット端末で読む人が増えている。ホテルの予約から切符の購入までネット上での取り引きが広がっている。

説明しよう p.152 経済のデジタル化が日本の経済にどのような影響を及ぼすか説明する

例 経済のデジタル化によって分業のしくみが変わり，日本の産業構造に影響を与える可能性がある。

振り返ろう p.152 世界経済が変動する中で日本が経済発展するために重要な取り組みを取り上げて，理由とともに説明する

例 日本が経済発展するためには国際的な競争力を高める必要があるので，高いものづくりの技術と情報通信技術とを連携させ，世界の地域や社会的な課題に合わせた製品を効率的につくって，海外市場に売り込むことが重要である。

よりよい社会を目指して

日本経済の発展に必要なこと
～企業の視点から考える～

CHECK!
確認したら✓を書こう

学習課題　企業はどのように時代の先を行こうとしているのだろうか

● 建設機械とICT，AIの融合

K社では海外市場へ進出し，海外の売上高が国内の売上高を上回っている。海外での売り上げを支えているのは，労働力不足や作業員の高齢化などの課題に対応するために開発された，ICTやAIを生かした建設機械のしくみである。

- ICT（情報通信技術）の活用…ICTブルドーザーを開発し，土砂を運んだり，土地を整えたりするなどの作業を自動化した。
- AI（人工知能）の活用…無人運転ができる建設機械の開発。

● 100年以上培ってきた，「目を護る」技術

明治時代創業のY社では，自社の理念を大切にし，長年にわたって蓄積された技術を生かして「安全」と「快適」を具現化するために技術革新に取り組んでいる。

- 「安全」を具現化する技術革新…工場や倉庫など保護めがねが必要な現場での作業指示や博物館でのガイダンスなどが表示できるグラス型のウェアラブル（装着できる）端末を開発した。
- 「快適」を具現化する技術革新…新たに現役アスリートの頭部サイズを測定し，より「快適」なトップアスリート専用モデルを開発した。

深めよう

例

● 超精密加工で医療に貢献

- 福岡県に本社と工場を構える精密金型部品の製造会社のW社は，海外への工場進出により，超精密加工の技術力を高めることで，世界からも注目される企業に成長した。
- 医療分野での開発として，痛みを感じさせない注射針がある。直径0.2mm，高さ0.2～0.5mmの400本の針を，2cm四方のシートに密集させる。このシートを肌に貼り付けると，針から薬剤が皮膚内に投与される。この無痛針は，患者を注射の痛みから解放するだけでなく，医療従事者の少ない発展途上国でのワクチン接種の拡大に貢献できる。
- このようにW社は，得意な分野に特化し，顧客の要望をかなえる製品をつくり続けることにより，自社の技術を高めていくことによって世界水準の技術を持つ企業になった。

● 世界の科学技術の発展に貢献

- 東京都に本社を構え，理科学計測機器や半導体関連機器などを製造するN社は，電子顕微鏡の世界シェアは7割を占めている。
- 長年培ってきた技術とノウハウを生かした優れた製品づくりが強みで，世界の市場に販売・サービスの体制を構築することで，近年では新興国にも輸出を伸ばし，世界の科学技術の発展に貢献している。

章の学習を振り返ろう

市場経済

CHECK!

確認したら✓を書こ

1 学んだことを確かめよう

A ① 分業　　② 希少性　　③ 市場経済　　④ 貯蓄　　⑤ 流通
　　⑥ 契約自由の原則　　⑦ 利益(利潤)　　⑧ ベンチャー企業　　⑨ 間接金融
　　⑩ 独占禁止法　　⑪ 労働基準法　　⑫ ワーク・ライフ・バランス
　　⑬ 社会的責任　　⑭ インフレーション（インフレ）　　⑮ 金融政策
　　⑯ 円高　　⑰ 経済活動のデジタル化

B 多い，売り切れる，増や，減ら，100円

●「学習の前に」を振り返ろう

① モノを購入している…商品の購入（B−1），食品の購入（B−3）など

　 サービスを購入している…バスに乗る（A−1），美容院で髪を切る（D−1）など

② 国内産の小麦を使用して，高品質なパンを販売する。

2 見方・考え方を働かせて考えよう

ステップ1① 　自分の考えを整理しよう

> **私たちの社会を豊かにするために経済に求められる働き**
> ・企業は得意分野を生かして，消費者の欲求を最も満足させるような商品を提供すること。
> ・国や地方公共団体は国民の生活を安定させるため，公共料金の設定に適切に関わること。
> ・企業は十分な商品情報を提供し，消費者は適切に商品を選択すること。
> ・政府は人々が安心して働けるよう雇用の安定に努めること，企業間の競争が適切に行われるように監視すること。
> ・国際競争力を強化するための経済活動のデジタル化を国や企業が協力してすすめること。

ステップ1②

> **私が考える特に経済に求められる働き**
> 例　国際競争力を強化するための経済活動のデジタル化を国や企業が協力してすすめること。
>
> **根拠となるページ**
> p.149〜p.152

> **理由**
> 例　人口減少による国内市場の縮小や他国との競争の激化により，今後，日本経済を取り巻く環境は厳しくなるため，技術革新で経済成長を目指すべきだから。

ステップ2②

自分の考えに足りなかった事柄や見方・考え方

例 企業の社会的責任

　企業にとって，競争に勝ち抜くために技術革新をすすめることは大切だが，それと同時に，従業員や市場，国際社会に対する社会的責任を果たすことも大切である。

ステップ3

この時代の特色を理由とともに説明しよう

　私たちの社会を豊かにするためには，（例　企業はテクノロジーの進化をすすめるだけでなく，労働環境を充実させるなどの社会的責任を果たす）**という働きが求められる。なぜなら，**（例　個々の生活が充実していないと社会の豊かさを感じることはできない）**からである。**

第4部2章への準備

① 例 介護や建設，農業など人手が不足している職種で外国人労働者の受け入れを拡大している。

② 例 人手不足が解消されたり，海外の有能な人材を活用できたりするなどの影響がある。

一問一答 ポイントチェック

答え

第1節 p.109〜116 私たちの生活と経済

❶交換，価値尺度，貯蔵の三つの役割があり，取り引きをスムーズに行うために使われるものを何というか？

❷石油，土地，働く人，時間などのモノやサービスをつくるために必要なものを何というか？

❸消費者が商品を買おうとする量のことを何というか？

❹生産者が商品を売ろうとする量のことを何というか？

❺さまざまなモノやサービスが自由に売買される場所を何というか？

❶貨幣（お金）

❷資源

❸需要量

❹供給量

❺市場

第2節 p.117〜126 消費者と経済

❻所得の一部を消費せず，将来の消費に備えて蓄えておくことを何というか？

❼スーパーやコンビニエンスストアなど，商品を消費者に売る業種を何というか？

❽特定の契約において，一定期間であれば消費者が契約を無条件に解除できる制度を何というか？

❾製品の欠陥によって消費者が被害を受けたとき，企業に被害者の救済を義務づけた法律を何というか？

❻貯蓄

❼小売業

❽クーリング・オフ

❾製造物責任法（PL法）

第3節 p.127〜144 企業と経済

❿企業が新しい商品をつくったり，品質の向上や価格の低下をもたらしたりすることを何というか？

⓫株主が出席して意見を述べたり，議決したりできる会社の最高意思決定機関を何というか？

⓬お金が余っている企業や家計と，足りない企業や家計の橋渡しをすることを何というか？

⓭企業間の競争を促す目的で，生産や販売の集中を制限するために1947年に制定された法律を何というか？

⓮労働者たちが組織する，労働条件について会社と対等に交渉するための組織を何というか？

❿技術革新（イノベーション）

⓫株主総会

⓬金融

⓭独占禁止法

⓮労働組合

第4節 p.145〜156 これからの日本経済

⓯社会全体の需要が高まって供給が不足し，生産が増え，物価・賃金が上昇し続ける経済状態を何というか？

⓰日本銀行の仕事の一つで，世の中のお金の量を調節して景気を安定させる政策を何というか？

⓱日本の円と海外のお金の交換比率のことを何というか？

⓲日本や太平洋沿岸の国々の間で結ばれている（　　　）11協定の空らんにあてはまるアルファベット3文字は何か？

⓯インフレ（インフレーション）

⓰金融政策

⓱為替レート

⓲TPP

① 私たちの生活と財政

ポイント
私たちの生活と福祉を向上させるため，政府は集めた税金から公共サービスを提供し，所得を再分配することで貧富の格差を縮めている。また，景気の変動を安定化させるために財政政策をとっている。

教科書ナビ

◉157ページ 13行め
そのため**政府**が家計や企業から**税金**を集めて，国民にさまざまなモノやサービスを提供しています。

◉157ページ 15行め
この働きを**財政**とよびます。

◉158ページ 8行め
（…）日本銀行（…），景気の変動を安定化させる政策（**財政政策**）を（…）。

◉158ページ 10行め
景気が悪いときに，（…）**公共事業**を行い，（…）。

徹底解説

🔍 **〔政府〕**
政府とは，国や地方公共団体などの行政機関のこと。経済の循環のなかでは，家計や企業から税金を集めて，民間の企業では供給しにくいモノやサービス（公共サービス）を提供している。

🔍 **〔税金〕**
政府が，公共サービスを提供するために，国民や企業から集めるお金のこと。

🔍 **〔財政〕**
政府が税金を集めてモノやサービスを提供することを財政とよぶ。財政には，民間の企業から提供しにくいモノやサービスを提供する，豊かな人と貧しい人の格差を縮める，景気の回復を促したり景気の行き過ぎを防いだりするという役割がある。

🔍 **〔財政政策〕**
政府の財政による経済政策のことを財政政策とよぶ。不況のときは減税を行い，家計や企業がモノを買いやすくしたり，公共事業によって仕事を生み出したりすることで，景気の回復を促す。

🔍 **〔公共事業〕**
公共事業とは，国や地方公共団体の歳出などによって社会資本を整備することである。

教科書の\答え/をズバリ！

資料活用 p.157 学校にあるモノの費用は誰が負担しているか

例 教育は公共サービスの一つなので，費用は国や地方公共団体が負担している。

資料活用 p.158 財政政策が景気の変動に及ぼす影響

例 不況のときは公共事業を増やし，税金を減らす財政政策で景気の回復を促し，好況のときは公共事業を減らし，増税をする財政政策で景気の行き過ぎを防いでいる。

確認しよう p.158 財政の三つの役割を本文から書き出す

- 社会資本や公共サービスの提供
- 豊かな人と貧しい人の所得の差を縮めて，不平等の拡大を防ぐ
- 日本銀行とも協調しながら，景気の変動を安定化させる政策（財政政策）をとる

説明しよう p.158 政府が社会資本や公共サービスを提供する意義を説明する

例 貧富の格差を小さくし，暮らしやすい社会をつくっている。

② 国の支出と収入

ポイント
国は歳出と歳入を管理している。歳出は社会保障関係が3分の1を占め，歳入は約6割が税金である。税金は直接税と間接税に分けられ，公平性を保つため，所得の割合に応じて累進課税がとられている。

教科書ナビ

◎159ページ 1行め

国は毎年予算を作成して，**歳出**（支出）と**歳入**（収入）を管理しています。

徹底解説

🔍〔歳出〕

国の1年間の支出を歳出という。歳出は，道路工事や下水道の整備などの公共事業や，公立学校の教育費，防衛などに対する支出のほか，年金や医療保険などの社会保障のしくみを維持するために使われている。また，税収の少ない地方公共団体には地方交付税交付金として国の税の一部を分配している。

🔍〔歳入〕

国の1年間の収入を歳入という。2020（令和2）年度の場合，日本の歳入の68.3％は所得税や消費税などのさまざまな税金が占めている。そして，31.7％を国債などの発行によって賄っている。

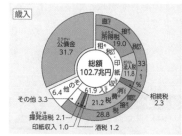

▲2020年度の日本の歳入
（財務省資料）

◎159ページ 16行め

消費課税は，商品を買ったときに負担する**消費税**が主な税です。

🔍〔消費税〕

商品を買うときに一定の割合で付加される税金を，消費税という。消費税は，代表的な間接税であり所得水準にかかわらず税率が一定のため，すべての人が広く負担するという面では公平性がある。しかし，所得が低い人ほど所得に対する税負担の割合が重くなる「逆進性」の面からみると不公平である。

◎160ページ 1行め

また税金には，**直接税**と**間接税**があります。

🔍〔直接税〕

税金を負担する人と納める人が同じ税金を直接税という。個人の所得に課される所得税，法人の所得に課される法人税，親等から財産を受け継いだ人に課される相続税などがある。

🔍〔間接税〕

負担する人と納める人が異なる税金を間接税という。消費税や酒税を課されるのは生産者や事業者などの売り手だが，商品の価格には税金が含まれており，消費者が間接的に税金を支払っている。

○160ページ 6行め
所得税は，所得の高い人ほど所得に占める税金の割合が高い（累進課税）ため，（…）。

🔍 【累進課税】
累進課税とは，所得の高い人ほど税率が高くなる課税方式のことで，所得税や相続税，贈与税などに適用される。累進課税には，高所得者には負担を大きくし，低所得者の負担を小さくすることで，所得の格差を縮めるはたらきがある。しかし，所得額や相続額が正確に把握できないときには公平な課税ができない，高所得者の税金を高くしすぎると働く意欲や消費活動が低下する，などの問題点もある。

○160ページ 18行め
私たちも税金で（…），納税者として税金の使いみちに（…）。

🔍 【納税者】
納税者とは，税金を納める人のこと。税金は，国が財政を行うために欠かせないものであり，納税は国民の三大義務の一つとなっている。また，私たちは納税者として，国や地方公共団体が有効に税金を使っているかチェックしていかなければならない。

教科書の\答え/をズバリ!

資料活用 p.159　現在日本にある税金を選んでみよう

入湯税（温泉施設を利用する人を対象とする税金）

資料活用 p.159　国債費，公債金がそれぞれ歳出・歳入に占める割合に着目する

例　国債費は歳出の2割を占め，公債金は歳入の3割を占めている。

資料活用 p.160　日本の税収構成比を諸外国と比較してどのような違いがあるか

例　日本では法人所得課税が諸外国と比べて多い。アメリカと比較すると個人所得税の割合は少ないが，消費課税の割合が大きい。消費課税については増税でヨーロッパとの差が縮まり，アメリカとの違いが顕著になるだろう。

資料活用 p.160　日本の直接税・間接税の割合は諸外国と比較してどのような違いがあるか

例　直接税はイギリスやフランスより占める割合が多いが，アメリカより少ない。また，間接税はイギリスやフランスより占める割合が少ないが，アメリカより多い。

確認しよう p.160　直接税と間接税の違いを本文から書き出す

直接税は税金を納める人と負担する人が同じだが，間接税は納める人と負担する人が異なる。

説明しよう p.160　日本の歳出と歳入の現状を説明してみよう

例　日本の歳出は高齢化によって社会保障関係費の歳出が増加し続け，3分の1を占めている。一方で，税収は歳入の約6割で歳出のすべてを賄うことができないため，国債を発行して対応しているが，将来への負担の先送りになっている。

教科書
161
〜
162
ページ

第3部 第2章 財政

CHECK!
確認したら✓を書こ

❸ 社会資本の役割と環境への取り組み

ポイント 高度経済成長期に環境の悪化が進み，公害が社会問題となったことから，環境に配慮した社会資本や法律の整備が進められている。一方，近年は社会資本の老朽化や財政負担の大きさなどが問題となっている。

教科書ナビ

◉161ページ 1行め
日本が（…）**公害**によって多くの患者が出て社会問題になりました。

◉161ページ
2**四大公害訴訟**

◉161ページ 8行め
2001年には（…）環境への負荷をできる限り減らす**循環型社会**の実現に向けて，（…）。

◉161ページ 11行め
道路や橋，上下水道などの**社会資本**は，（…）。

徹底解説

〔公害〕
公害とは，個人や企業などが自然環境を悪化させたり，住民の安全や健康に被害を与えたりすることである。日本では高度経済成長期の経済発展によって公害病が発生するなど大きな社会問題が起きた。

〔四大公害訴訟〕
四大公害訴訟とは，高度経済成長期に発生した水俣病（熊本県・鹿児島県），イタイイタイ病（富山県），新潟水俣病（新潟県），四日市ぜんそく（三重県）の四つの公害病の患者や家族が，発生源である企業に対して起こした訴訟のこと。1970年代にはいずれの訴訟も原告側が全面勝訴した。

〔循環型社会〕
循環型社会とは，大量生産・大量消費にかわる社会のあり方として，環境への負荷を極力おさえ，リサイクルすることで資源を循環させていく社会のことである。2000（平成12）年には循環型社会形成推進基本法が制定され，基本的な枠組みが示された。

〔社会資本〕
社会資本とは，社会全体の経済活動の基盤として必要な公共施設などのこと。道路，鉄道や港湾，上下水道，公園，文化施設などが社会資本になる。

教科書の\答え/をズバリ！

資料活用 p.161 老朽化した水道管の交換など社会資本を整備する主体はどこか

例 国や地方公共団体

確認しよう p.162 日本の社会資本における問題点を本文から書き出す

● 公共施設を含め社会資本の老朽化
● 国や地方公共団体にとって大きな財政負担

説明しよう p.162 これから社会資本をどのように維持・管理する必要があるか説明する

例 情報通信技術（ICT）やドローンなどを活用して，社会資本が壊れる前に補修することで費用を抑えたり，公共施設を中心街に集約する「コンパクトシティ」を推進し，民間経営のノウハウを生かして運営の効率化を図ったりする必要がある。

アクティブ公民

CHECK! ..
確認したら✓を書こう

教科書
163
〜
164
ページ

第3部 第2章

赤字バス路線に税金を使うべきか？
〜効率，公正から考える〜

■1 赤字バス路線の廃止計画〜状況の確認〜

やってみよう1 p.163　1．各地区間を運行するバスの利益を計算しよう

A地区バス停からC地区バス停	A地区バス停からB地区バス停
利用者人数：40人 運賃：500円 1日あたりの売り上げ：2万円	利用者：600人 運賃：200円 1日あたりの売り上げ：12万円
バス：1日8便 1便あたりの運行費用：9,000円 1日あたりの費用：7.2万円	バス：1日30便 1便あたりの運行費用：3,000円 1日あたりの費用：9万円

● A地区バス停からC地区バス停の利益…1日あたり5.2万円の赤字
● A地区バス停からB地区バス停の利益…1日あたり3万円の黒字

■3 対立から合意へ　〜効率，公正の見方・考え方を用いて〜

やってみよう2 p.164

1　赤字バス路線に税金を使うべきかどうか，考えてみよう

例　C地区の住民は高齢者が多く，車を運転できない人がいることも考えられるので，公共性を重視して税金を使うべきであると考える。

2　市長の立場から，解決策として適切なものを選ぼう。また，それ以外の解決策はあるだろうか

例　④　理由：乗客が多い便に限ることで，運行費用を減らしつつバスを利用することができ，年間の負担額も抑えられるから。

それ以外の解決方法：運行するバスを小さくし，本数を減らして運行費用を削減する。

技能をみがく

赤字バス路線に税金を使うべきか，市長の立場でディスカッションをやってみよう

事実・データ	主張
C地区の人口はA地区・B地区より少なく，高齢化率も高い。	車を運転できない高齢者のために，赤字バス路線を残すべきだ。

理由づけ
高齢者が多いということは，車の運転ができない人が生活に必要な公共サービスを受けることができないということである。

❹ 社会保障と私たちの生活

ポイント 日本の社会保障制度は社会保険，公衆衛生，社会福祉，公的扶助の４つの柱からなり，生活のリスクに備えている。近年では，少子高齢化で社会保障関係の歳出が増加し，保険料が不足するなどの課題がある。

教科書ナビ

◯165ページ 8行め

（…）これらのリスクに対して，社会全体で助け合い，支えようとする**社会保障**のしくみが求められています。

◯165ページ 10行め

日本の社会保障制度は，**社会保険，公衆衛生，社会福祉，公的扶助**の四つの柱からなっています。

徹底解説

🔍【社会保障】

社会保障は，国民が健康で文化的な生活を送るために，国が最低限度の生活を保障する制度である。日本の社会保障は「社会保険」「公衆衛生」「社会福祉」「公的扶助」の四つの柱からなる。

種 類	仕 事 内 容	
社会保険	医療（健康）保険，年金保険，雇用（失業）保険，労災保険，介護保険	など
公衆衛生	感染症予防，予防接種，廃棄物処理下水道，公害対策	など
社会福祉	児童福祉，母子福祉，障がい者福祉，高齢者福祉	など
公的扶助	生活保護〔生活・住宅・教育・医療などの扶助〕	など

🔍【社会保険】

年金や医療保険のように，加入者が払った保険料を国・事業者が積み立てておいて，病気・けが・死亡・失業・老衰などで経済的に困ったときに給付を受ける制度。社会保険は日本の社会保障制度の中心的な役割を担っている。

🔍【公衆衛生】

私たちが健康に生活できるようにするために，予防接種，食品衛生の監視，健康診断，公害対策などを行って生活環境の整備を目指すこと。

🔍【社会福祉】

高齢者や身体障がい者，児童，母子家庭など，普通に働くことが困難で，社会的に弱い立場にある人に対して，生活の保障や支援のサービスをすること。

🔍【公的扶助】

収入が少なく，最低限度の生活を営めない人に，生活保護として，生活費の給付や公的なサービスの支援を行うこと。

●166ページ
④社会保障関係の歳出の推移

〔社会保障関係の歳出の推移〕

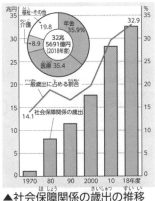

日本の社会保険は、少子高齢化によって保険料を納める若い世代が減少する一方で、給付を必要とする高齢者が増えており、2018年度の国の一般歳出に占める社会保障関係費の割合は30％を超えているなど、収支のバランスが悪い。不足分を補うため、2019年10月にお酒や外食以外の飲食料品と新聞を除いて消費税を10％に引き上げた。

▲社会保障関係の歳出の推移
（財務省資料）

●166ページ 16行め
（…）所得を正確に把握して（…）国民一人一人が12桁の番号を持つ社会保障・税番号（マイナンバー）制度が、2016年より導入されています。

〔社会保障・税番号（マイナンバー）制度〕

国民一人一人に12桁の番号を割り振ることで、国や地方公共団体が社会保障や納税などの情報をまとめて管理する制度。国民の所得を正確に把握することで給付と負担の不公平感を少なくし、行政手続きの複雑さを減らすことで利便性を高めることを目的としており、最近では災害対策の分野でも活用されている。一方で、マイナンバーから個人情報やプライバシーが他人に漏れてしまうことで、不正利用される危険性も指摘されている。

教科書の 答え をズバリ!

資料活用 p.165 保険証がないと支払額が高いのはなぜか

例 医療は社会保険の一つであり、給付を受けるためには保険料を負担している証明である保険証が必要だから。

確認しよう p.166 社会保障制度の四つの柱を本文から書き出す

- ・社会保険
- ・公衆衛生
- ・社会福祉
- ・公的扶助

説明しよう p.166 「少子高齢化」という言葉を用いて社会保障制度の現状を説明する

例 少子高齢化によって、保険料を納める若い世代が減り、年金や医療保険を必要とする高齢者が増えているため、収支のバランスが悪くなり、必要なお金が不足している。

⑤ これからの日本の財政

CHECK!
確認したら✓を書こ

ポイント 日本の財政は歳出を賄う税収が足りず，財政赤字が拡大している。むだを省いて財政を再建することが不可欠であるが，税収の増加を優先させるか，歳出の抑制を優先させるかは難しい問題となっている。

教科書ナビ

●167ページ 1行め
日本の財政が（…）**財政赤字**が拡大していることです。

●167ページ 3行め
その差を補うために国債が発行されていますが，（…）。

●168ページ 8行め
税の負担を（…）「**大きな政府**」を目指す場合は，（…）。

●168ページ 11行め
（…）最小限にとどめる「**小さな政府**」を（…）。

徹底解説

🔍 **〔財政赤字〕**
税収以上に歳出が多くなった状態のこと。それを補うために，国債などが発行される。しかし，国債が増えると，利子の支払いなど将来への負担が増え，財政を圧迫し，国民の負担が増大する。

🔍 **〔国債〕**
国債とは，国が歳出を賄うのに，税収では十分でないときにする借金のことである。国債を発行しすぎると，利子の支払いなどの出費が増えるため，本来行うべき政策ができないおそれがある。また，借金が残ることで将来世代の負担が増すことになる。

🔍 **〔大きな政府〕**
政府が積極的に経済活動に介入することで，社会資本の整備や社会福祉の充実を実現して，国民の生活を安定させようとする考え方。

🔍 **〔小さな政府〕**
政府の役割を最小限にとどめて市場の原理に基づいて自由に競争させることで，経済を発展させようとする考え方のこと。

教科書の答えをズバリ！

資料活用 p.167 財政の悪化が住民に与える影響

例 図書館や学校などの公共施設が閉鎖したり，税金が値上がりしたり，イベントなどの補助金が打ち切りになったりする。

資料活用 p.168 日本の債務残高の比率は他国と比較してどうか

例 他の先進国と比較して一番高く，年々増加している。

資料活用 p.168 国民が充実させるべきと考えている社会保障分野は何か

老後の所得保障（年金）

資料活用 p.168 社会保障の給付と負担それぞれの増減に着目する

例 給付水準の維持と考える人が多く，次に引き下げてもいい，引き上げてもいいと考える人が続くが，負担についてはいずれも増加してもやむをえないと考えている。

確認しよう p.168 日本の財政が抱える問題点を本文から書き出す

歳出を賄うには税収が足りず，歳出と税収の差である財政赤字が拡大していること

説明しよう p.168 社会保障や公共サービスの充実と税負担の増加について考える

例 社会保障や公共サービスを充実させるために，財政のむだを省いて税負担を抑えるべきである。

章の学習を振り返ろう

CHECK! ☺
確認したら✓を書こう

教科書
169〜170ページ

第3部

第2章

財政

1 学んだことを確かめよう

A
① 財政　② 財政政策　③ 公共事業　④ 歳出・歳入
⑤ 直接税　⑥ 間接税　⑦ 累進課税　⑧ 環境基本法
⑨ 循環型社会　⑩ 社会資本　⑪ 社会保険・公衆衛生・社会福祉・公的扶助
⑫ マイナンバー制度　⑬ 大きな政府　⑭ 小さな政府

B
① 大きな　② 保険料　③ 拡大　④ 福祉　⑤ 縮小
⑥ 医療費　⑦ 税　⑧ 小さな

●「学習の前に」を振り返ろう

① 公共料金を支払うことができる所…コンビニエンスストア，銀行

② 国や地方公共団体が運営している事業…市営バス，ごみの収集

③ 「主な税金の種類」と関連が深い場面…商品を買う（消費税），バスやトラックを動かす（揮発油税，自動車税など），スーパーで売られているお酒（酒税），給料をもらう（所得税）
など

2 見方・考え方を働かせて考えよう

ステップ1 ①

国民の生活と福祉の向上を図るために政府が果たす役割を書き出す

・貧富の差を少なくし，暮らしやすい社会にするために税金を集めて，国民にさまざまなモノやサービスを提供する。
・医療や年金などの社会保障，学校教育，公共事業，災害対策などにかかる費用を歳出する
・歳出を賄うために税金を集める。
・国民の生活をよりよくするために，環境に配慮した社会資本の整備や法律を制定する。
・老朽化した社会資本を効率的に維持・管理するために，公共施設の運営の見直し等を行う。
・少子高齢化による社会保障制度の収支のバランスを改善する。
・社会保障や公共サービスを提供するため財政赤字を改善する。

ステップ1 ②

私が考える特に政府が果たすべき役割

・公共サービスや福祉を維持・管理するためにかかる税や保険料の負担の，世代間での格差を改善して，効率的な公共サービスの運営や財政のむだを省くなどの取り組みを行う。

根拠となるページ

例・p.161 〜 p.162
　・p.165 〜 p.168

理由　例

・公共サービスや福祉は私たちの生活に必要不可欠なものだが，その維持や管理のためには費用がかかる。しかし，少子高齢化によって働く世代だけで増加する負担分を支えるのは難しいので，民間のノウハウを生かすなど，まずは財政のむだや効率的な公共サービスの運営を図るべきだと思うから。

ステップ2②

自分の考えに足りなかった事柄や見方・考え方

例

・「公正」の見方・考え方

効率的な公共サービスの運営を図ることによって，赤字となっている公共施設や公共サービスを廃止すると，利用できない人が出てきてしまう。

・「合意」の見方・考え方

むだを省いて財政を再建させるために歳出の抑制を優先する考え方のほか，税収の増加を優先する考え方などがある。

ステップ3

自分の考えを理由とともに説明してみよう

例　国民の生活と福祉の向上を図るために政府は，（例　利用できない人が出ないように工夫しつつ，効率的に公共サービスを運営し，財政のむだを省いて，公共サービスや福祉を維持・管理する）**役割を果たすべきである。なぜなら，**（例　少子高齢化によって，維持や管理にかかる負担を働く世代を中心に賄うのは難しいので，できるだけ負担を少なくする必要がある）**からである。**

第4部2章への準備

①　例

○○市の社会資本の現状

交通量が多く渋滞が発生しやすいので，安心できる交通環境ではない。また，公共交通機関も利用できる地域が限られているので，整備が必要である。

住民からの要望

・車線を増やして，渋滞がおきないようにしてほしい。

・子どもたちが安心して登下校できるように歩道を広くしてほしい。

・バスの本数が少ないので多くしてほしい。

・高齢者や子どもが乗合タクシーなどを利用できるように，補助してほしい。

②　例　誰もが住みやすいまちにするために，障がい者や高齢者が利用しやすいように公共施設のバリアフリー化を優先的に行うべきである。

確認したら✓を書こう

一問一答ポイントチェック

答え

1
p.157〜158
私たちの生活と財政

❶政府が家計や企業から集めた税金で，国民にさまざまなモノやサービスを提供する働きを何というか？

❷景気の変動を安定化させる政策を何というか？

❸国や地方公共団体が社会資本を整備する事業を何というか？

❶財政

❷財政政策

❸公共事業

2
p.159〜160
国の支出と収入

❹所得税などの税金を納める人と負担する人が同じ税金を何というか？

❺消費税などの税金を納める人と負担する人が違う税金を何というか？

❻所得の高い人ほど税率が高くなる課税方式のことを何というか？

❼一定の税率の税金にみられる，所得の低い人ほど税負担の割合が重くなる現象を何というか？

❹直接税

❺間接税

❻累進課税

❼逆進性

3
p.161〜162
社会資本の役割と環境への取り組み

❽工場から出た煙や排水によって周辺の環境が悪化したり，人が病気になったりしたことを何というか？

❾水俣病，イタイイタイ病，新潟水俣病，四日市ぜんそくの四つの公害病の患者や家族がおこした訴訟のことを何というか？

❿環境への負荷を極力抑え，リサイクルすることで資源を循環させていく社会のことを何というか？

❽公害

❾四大公害訴訟

❿循環型社会

4
p.165〜166
社会保障と私たちの生活

⓫社会保障制度の根拠となる日本国憲法25条で定められた「健康で文化的な最低限度の生活」を営む権利を何というか？

⓬社会保障の一つで医療，年金などの普段から保険料を納め，一定の条件を満たすと給付を受けられることを何というか？

⓭社会保障の一つで高齢者や障がい者など，働くことが困難で社会的に弱い立場にある人々に，生活の保障や支援のサービスをすることを何というか？

⓫生存権

⓬社会保険

⓭社会福祉

5
p.167〜168
これからの日本の財政

⓮日本の税収が歳出を十分に支えられないために拡大しているものを何というか？

⓯歳出と税収の差を補うために政府が発行しているものは何か？

⓰政府が積極的に介入して，社会資本の整備や社会福祉を充実させ，国民の生活を安定させようとする考え方を何というか？

⓱政府の役割を最小限にとどめて自由に競争させることで，経済を発展させようとする考え方のことを何というか？

⓮財政赤字

⓯国債

⓰大きな政府

⓱小さな政府

学習の前に

「持続可能な社会」を目指していくために

やってみよう p.171

A国とB国のイラストをみて，次の①〜⑥の場面がイラスト内のア〜カのどれにあたるか，（　）に記号を入れてみよう。

A国

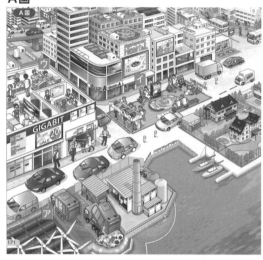

B国

① 大量の電力を消費する建物があります。 （　イ　）

② 多くの難民が暮らすテントがあります。 （　エ　）

③ 食料の支援を受けている人々がいます。 （　カ　）

④ ソーラーパネルや風車があります。 （　ア　）

⑤ 伐採された木材が大量にあります。 （　オ　）

⑥ 大量の商品が販売されています。 （　ウ　）

① 国家と国際社会

ポイント 国際社会は多くの主権国家によって成り立つ。平和や経済発展を実現するために，国どうしが主権や国旗・国歌を互いに尊重し，外交交渉や国際法などを通じて協調し，信頼関係を築くことが重要である。

教科書ナビ

●173ページ 4行め
国際社会ではそれぞれが**主権国家**であり，国家は対等だと考えます。

●173ページ 8行め
主権はほかの国と（…）干渉されたりしないこと（**内政不干渉の原則**）を意味しています。

●173ページ 11行め
国家とは，（…）**領域**を合わせた三つの要素から成り立っています。国家の支配する領域は，**領土・領海・領空**の三つから構成され，不法に立ち入ることは認められていません（**領土不可侵の原則**）。

●173ページ 14行め
領海の先に**排他的経済水域（ＥＥＺ）**を設け，資源の開発や海洋調査を行うことも許されています。

徹底解説

【主権国家】
主権国家とは，他国からの支配や干渉を受けない独立した国家のこと。そのためには，領土と人口のほかに，その国を治める権力（主権）をもつ政府があり，その政府が世界各国に認められていることが必要である。

【内政不干渉】
内政不干渉とは，国内の政治問題はそれぞれの国家の意思によって決められるべきで，他国が干渉してはならないということであり，国際法の原則になっている。しかし，国内紛争において重大な人権侵害が起きたときなどには，国際社会の介入が行われることがある。

【領域（領土・領海・領空）】
国の主権が及ぶ範囲のことで，領土・領海・領空で構成されている。

- 領土…国の主権が及ぶ土地の事である。
- 領海…領土の海岸線から12海里の範囲のことである。
- 領空…領土と領海上の大気圏内の空間のことである。

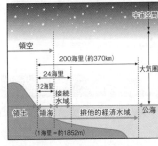
▼領土・領海・領空

【領土不可侵】
領土不可侵とは，相手の国の主権が認められている，領土・領空・領海に無断で立ち入らないことである。お互いの国の領土を尊重することで，安全を保障している。

【排他的経済水域（ＥＥＺ）】
領土の海岸線から200海里（約370km）以内にあるその国の経済的な主権が及ぶ水域のことである。この水域でとれる魚や石油などの資源は，沿岸国のものになる。また，領土の近い国どうしの排他的経済水域をめぐって対立が起こることがある。

●173ページ 15行め
それ以外の海は公海とよばれ，（…）（公海自由の原則）。

🔍 **【公海自由の原則】**
領海と排他的経済水域以外の海である公海では，各国が自由に航行したり，漁業をしたりすることができる原則のことである。

●174ページ 3行め
それは国際法とよばれており，（…）国際慣習法があります。

🔍 **【国際法】**
国際法とは，国と国の関係を定めたルールのこと。国際法には国と国の間で結ばれる条約や，長年の慣行が法となった国際慣習法など，さまざまな形がある。国際法は国内の法とは異なり，各国政府の合意によって成り立っている。

●174ページ 13行め
国旗と国歌は，それぞれの国のシンボルです。

🔍 **【国旗】**
国旗とはその国のシンボルに定められた旗のことである。日本では，1999（平成11）年に施行された国旗・国歌法によって，日章旗（日の丸）が国旗に定められた。国際社会の場では，互いの国旗と国歌を尊重しなければならない。

🔍 **【国歌】**
国歌とは，その国を象徴する歌のことである。国際交流の儀式やスポーツの競技会（オリンピックなど）で演奏されることが多い。日本では1999年に施行された国旗・国歌法によって，君が代が国歌に定められた。

教科書の 答え をズバリ!

資料活用 p.173 私たちが「国家」を意識するのはどのような場面が多いか

例 オリンピックなどの世界大会で日本代表を応援しているときや，海外旅行をするときに日本のパスポートを使って出国するときなどに意識することが多い。

資料活用 p.174 パスポートはなぜ重要なのか

例 パスポートには，名前や国籍，発行国が自国民の保護を求める文章などが書かれている世界共通の身分証明書であるため。

確認しよう p.174 国際社会において国家が持つ主権とはどのようなものか本文から書き出す

国際社会における主権とは，それぞれの領域の中で，ほかの国が侵すことができない最高の権力のことを指す。

説明しよう p.174 国際法が必要な理由を説明する

例 国際法をそれぞれの国が守ることで，世界各国の政府の間に信頼が生まれ，それが国際関係の安定につながり，世界の平和や各国の安全を守ることができるから。

第4部 第1章 第1節 紛争のない世界へ

CHECK!
確認したら✓を書こう

教科書
175
〜
176
ページ

② 領土を巡る取り組み

ポイント 現代の日本は，北方領土，竹島，尖閣諸島を巡る領土問題をかかえている。国家どうしが同じ領域の支配を主張して戦争に至る歴史を繰り返さないために，国際法に基づいた平和的解決が求められている。

教科書ナビ

●175ページ 8行め
北海道の北東にある**北方領土**とよばれる（…）日本固有の領土です。

●176ページ 1行め
島根県隠岐の島町に属する**竹島**も，日本固有の領土です。

●176ページ 8行め
国際司法裁判所は当事者双方の合意が必要だからです。

●176ページ 10行め
沖縄県石垣に属する**尖閣諸島**も日本固有の領土です。

徹底解説

🔍 **【北方領土】**
北海道の北東にある歯舞群島，色丹島，国後島，択捉島の総称である。1945年，日ソ中立条約を破って侵攻してきたソ連によって占拠され，その後ソ連，続いてロシアが不法占拠し続けている。

🔍 **【竹島】**
日本の島根県隠岐の島町に属する島で，1952年の「李承晩ライン」の設定後，現在も韓国によって不法に占拠されている。日本は繰り返し抗議をしつつ，平和的な解決を図るために国際司法裁判所に委ねることを提案したが，韓国側はこれを拒否したため実現していない。

🔍 **【国際司法裁判所】**
国際司法裁判所は，国家間の紛争を裁判によって解決するための国際連合の司法機関。総会と安全保障理事会によって選任された15名の裁判官で構成されている。国家間の法律問題について，当事者双方が提訴に応じた事例についてのみ判決を下す。紛争を解決するための機関だが，罰則を与える権限やしくみはまだ十分に整えられていない。

🔍 **【尖閣諸島】**
日本の沖縄県石垣市に属する島。周辺の海域で石油などの資源がある可能性が指摘されたことで，1970年代以降，中国が領有権を主張している。国際的には，尖閣諸島は日本の領土として認められている。

教科書の答えをズバリ！

資料活用 p.175 世界の国々が国境をお互いに確認し，維持していくことがなぜ大切なのか

例 国が国境を守らずに，領土を広げることを考え続ければ，国と国の争いが続くことになってしまうから。

確認しよう p.176 領土を巡る問題の解決が容易でない理由を本文から書き出す

領土・領海からは資源が採れる場合もあり，解決は容易ではない。

説明しよう p.176 領土を巡る日本の取り組みを説明する

例 抗議を行うとともに領空や領海の監視を強める一方で，平和的な解決を図るために外交交渉を続けている。

❸ 国際連合の働きとしくみ

ポイント 戦後の世界平和と安全の維持が模索され国際連合が発足した。国際連合では安全保障理事会で平和に関する決議を行うほか，多岐にわたる活動で国際協調と持続可能な開発目標の実現を図るなどの役割がある。

教科書ナビ

◯177ページ 5行め
戦争のさなか，(…) 国際連合（国連）が発足しました。

徹底解説

🔍【国際連合（国連）】

国際連合は，第二次世界大戦中に世界平和の維持を目的として連合国が計画し，1945年のサンフランシスコ会議で発足した。本部はニューヨークにある。発足当初は，加盟国は51か国だったが，現在では193か国が加盟している（2019年）。日本は1956年に加盟した。総会，安全保障理事会，経済社会理事会のほか，世界保健機構（WHO）などの専門機関から構成されている。

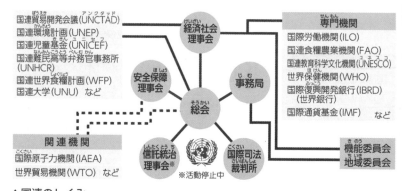

国連貿易開発会議（UNCTAD）
国連環境計画（UNEP）
国連児童基金（UNICEF）
国連難民高等弁務官事務所（UNHCR）
国連世界食糧計画（WFP）
国連大学（UNU）など

経済社会理事会

専門機関
国際労働機関（ILO）
国連食糧農業機関（FAO）
国連教育科学文化機関（UNESCO）
世界保健機関（WHO）
国際復興開発銀行（IBRD）（世界銀行）
国際通貨基金（IMF）など

安全保障理事会

事務局

総会

関連機関
国際原子力機関（IAEA）
世界貿易機関（WTO）など

信託統治理事会※

国際司法裁判所

※活動停止中

機能委員会
地域委員会

▲国連のしくみ

◯177ページ 9行め
国際社会の（…），まず**集団安全保障**により紛争の予防を図ります。

🔍【集団安全保障】

集団安全保障とは，すべての国が国連などの枠組みに加盟することで，そのなかにある国が別の国を攻撃したときに，それ以外の国々がまとまって攻撃した国に制裁を加える考え方である。

▼集団安全保障の考え方

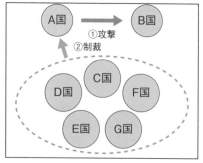

A国 →①攻撃 B国
②制裁
C国
D国 F国
E国 G国

◯177ページ 13行め
また国連加盟国から派遣された兵力から成る**平和維持活動（PKO）**は，(…)。

🔍【平和維持活動（PKO）】

平和維持活動とは，対立を続ける兵力の引き離しや停戦の監視，戦争の再発防止，公正な選挙の監視などを目的として，国連が行う活動のことである。安全保障理事会の議決に基づいて国連に加盟する諸国から兵力が派遣される。英語の Peace Keeping Operations の頭文字をとってPKOともよばれる。

● **178ページ 5行め**

国際連合は総会，安全保障理事会，経済社会理事会，（…）から構成されています。

🔍【総会】

総会とは，国連の中心となる機関で，定期総会は毎年9月に一回開かれる。全加盟国が一国一票ずつ議決権を平等に持ち，通常は過半数で議決が行われる。近年は総会の権限強化について議論されている。

🔍【安全保障理事会】

安全保障理事会は，世界の平和と安全を守ることを目的とした，国連の主要機関の一つ。アメリカ・イギリス・中国・フランス・ロシアの5か国による常任理事国と，総会で選ばれた任期2年の10か国の非常任理事国で構成されている。

🔍【経済社会理事会】

社会・経済・文化・教育などの問題を調査・研究し，総会や国連加盟国，専門機関などに対して勧告や報告を行う国際連合の主要機関。国際連合の専門機関との連携やそれらの活動の調整なども担っている。理事国は54か国から構成され，各理事国が一票ずつ投票権を持っている。

● **178ページ 11行め**

ただし，常任理事国は拒否権をもつため，1か国でも反対すると決議ができません。

🔍【拒否権】

安全保障理事会では，5か国の常任理事国のうち1か国でも反対すると決議を行うことができない。これを拒否権という。冷戦時は，アメリカとソ連の対立から拒否権が頻繁に使われて，安全保障理事会の活動が停滞した。

教科書の\答え/をズバリ！

資料活用 p.177　UNICEFの活動

例　児童の権利に関する条約に基づいて活動し，子どもたちが健やかに育ち，質の高い教育が受けられる環境を確保している。

資料活用 p.178　国連加盟国数の変化の背景は何か

例　1945年から1980年にかけては，欧米の旧植民地からの独立が相次いだため，アジアやアフリカの加盟国が増えている。1980年から2018年にかけてはソ連の解体，ユーゴスラビアの解体を背景にヨーロッパの加盟国が増えている。

確認しよう p.178　知っている国際連合の機関を本文や図から書き出す

例　総会　安全保障理事会　世界保健機関（WHO）
国連児童基金（UNICEF）など

説明しよう p.178　国際連合の役割と課題を説明する

例　国連の役割は，集団安全保障の考えに基づいて，安全保障理事会が中心となって国際社会の平和と安全を維持することが役割である。しかし，安全保障理事会は拒否権をもつ常任理事国が1か国でも反対すると決議ができないため，安全保障理事会の改革が課題となっている。

CHECK!

確認したら✓を書こう

④ 現代における紛争

ポイント 冷戦終結後，世界では地域紛争や内戦が増加した。国連をはじめとする国際社会は平和を構築するために援助を行っているが，紛争によって発生した難民の保護やテロリズムの対策と人権問題など課題は多い。

教科書ナビ

◎179ページ 1行め
冷戦期には（…）。

◎179ページ 3行め
冷戦終結後には（…）
地域紛争や内戦が増加
しています。

◎180ページ 2行め
難民は人種や宗教，
（…）。

◎180ページ 9行め
テロリズムとは特定
の政治的主張を社会に
伝えるために，（…）。

徹底解説

🔍 **〔冷戦〕**
第二次世界大戦後に起こった，アメリカなどの資本主義国とソ連などの社会主義国の対立のこと。政治的，経済的に争い，直接武力による攻撃をしなかったので，冷たい戦争（冷戦）とよばれた。

🔍 **〔地域紛争〕**
特定の地域や一つの国の中で起きる民族，宗教，領土，資源，経済格差などを背景にした紛争のこと。冷戦終結以降，世界中で発生しており，大量殺人など深刻な人権侵害も起きている。

🔍 **〔難民〕**
難民とは，主に政治的な弾圧や戦争などのために住む土地を奪われた人々のこと。避難先でも苦しい生活を送っていることが多い。難民の発生の原因は，政治的弾圧や戦争だけでなく，飢餓や貧困など多様である。国連難民高等弁務官事務所（UNHCR）では，難民を周辺国で保護し，食料や住居などを提供している。

🔍 **〔テロリズム〕**
特定の集団が他国の軍隊や一般の人たちを武力で攻撃して，政治的な要求を実現しようとすること。2001年のアメリカの同時多発テロでは，イスラム過激派がニューヨークの貿易センタービルや国防総省に飛行機を激突させ，約3,000人の犠牲者が出た。

教科書の 答え をズバリ！

資料活用 p.179 紛争が続くことでどのような問題が生じるか

例 多くの死者や難民が発生し，貧困問題や政治不安が新たな紛争を引き起こす可能性がある。

資料活用 p.180 難民など保護を必要とする人が急増したときに何が起きたか

例 他国との戦争や内戦が起きた。

確認しよう p.180 紛争が起こる主な原因を，本文から三つ以上書き出す

・民族や宗教　　　・経済格差や資源争奪　　　・不公正な統治

説明しよう p.180 紛争と貧困の悪循環を断ち切るために必要なことを考えて説明する

例 不公正な統治と社会の貧困を変革するため，国際社会が紛争当事国に対する外交的な働きかけや貧困に苦しむ人たちに対する援助を積極的に行う必要がある。

⑤ 兵器の脅威と軍縮への努力

ポイント 核抑止の考えで米ソ両国は大量の核兵器を保有した。冷戦後、国際社会は核兵器などの軍縮に向けての交渉を始めたが、新興国が軍事力を高めたり、新技術が軍事利用されたりするなど新しい課題も生まれた。

教科書ナビ

徹 底 解 説

●181ページ 1行め
広島と長崎に投下された原爆の悲劇が示したことは、**核兵器**は（…）。

🔍【核兵器】

核兵器は、原子爆弾や水素爆弾など、核分裂や核融合によっておこるエネルギーを用いる兵器のこと。大きな破壊力に加えて、放射線を出すことで長期的な被害が生まれる。

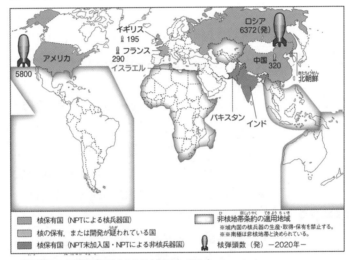

イギリス
⚛ 195
⚛ フランス
290
イスラエル

ロシア
6372（発）

中国
320

北朝鮮

アメリカ
5800

パキスタン　インド

□ 核保有国（NPTによる核兵器国）
□ 核の保有、または開発が疑われている国
□ 核保有国（NPT未加入国・NPTによる非核兵器国）

□ 非核地帯条約の適用地域
　※域内での核兵器の生産・取得・保有を禁止する。
　※南極は非核地帯と決められている。
🚀 核弾頭数（発）　−2020年−

▲核兵器の保有状況（SIPRI資料、ほか）

●181ページ 3行め
しかし冷戦のさなか、（…）**核抑止**の考え方をとったため、（…）。

🔍【核抑止】

核兵器を持つことで相手国に恐怖心を持たせ、攻撃を思いとどまらせようとする考え方。冷戦中のアメリカとソ連の両国はこの考え方のもと、核兵器の開発競争を続けた。

●181ページ 7行め
米ソは（…）**核軍縮交渉**を開始しました。

🔍【核軍縮交渉】

核軍縮交渉とは、保有している核兵器をお互いに減らすための交渉のこと。アメリカとソ連の間で、冷戦時代に核兵器数に上限を設ける戦略兵器制限交渉が行われ、1991年に第1次戦略兵器削減条約（START I）、アメリカとロシアの間で1993年に第2次戦略兵器削減条約（START II）、2010年には新START条約が結ばれた。

○**181ページ 11行め**
核拡散防止条約（NPT）に加え，国際原子力機関（IAEA）による査察や，（…）。

🔍 **〔核拡散防止条約（ＮＰＴ）〕**

アメリカ，ロシア，イギリス，フランス，中国の核兵器保有国以外への核兵器の拡散防止，各加盟国による核軍縮交渉の義務，原子力の平和利用を目的とした条約。しかし，核兵器の保有を5か国に限定することなどに反発して加盟していない国もある。また，加盟国のなかでも条約上の義務を果たしていないとされる国もある。

🔍 **〔国際原子力機関（ＩＡＥＡ）〕**

1957年に設立された原子力の平和利用を目的とした国際機関。国連と協力して，核兵器非保有国の原子力関係施設を査察し，利用状況のチェックなどを行う。近年は，核兵器保有疑惑のある国の施設の査察や，日本の福島第一原子力発電所の事故の調査などを行っている。

○**182ページ 1行め**
戦後も地上や地中に残存して一般市民を巻き込み，（…），対人地雷禁止条約，（…）。

🔍 **〔対人地雷禁止条約〕**

対人地雷の開発，製造，保有，使用などを全面的に禁止し，現在ある地雷の撤去や破壊に国際社会が協力することを目的とした条約。条約がつくられた背景には，紛争地域などを中心に埋められた地雷が一般市民に対して無差別に被害を与えること，紛争終結後に国内の復興や開発が難しくなることなどの問題に対して，国際社会の関心が高まったことにある。日本は1997年に署名し、1999年に発効された。

○**182ページ 17行め**
軍縮は，武力紛争の防止につながるだけでなく，（…）。

🔍 **〔軍縮〕**

軍縮とは軍備縮小を略したもので，兵器や兵隊，軍事基地などの軍備を縮小・削減したり，廃絶したりすること。軍縮は世界の安全保障や平和維持の実現のために必要な取り組みであり，冷戦の緊張が緩み始めた頃に軍縮の機運が高まった。

教科書の 答え をズバリ！

資料活用 p.181　ＡＩが搭載された兵器の開発によってどのような問題が生じるか予想する

例　将来的に人間の操作を必要とせず，みずから判断して行動するようになると，人員の補充などを考えなくてもよくなるため，戦争がしやすくなるという問題が生じると予想される。

確認しよう p.182　核抑止の考え方を本文から書き出す

核兵器を十分に持つことで相手への仕返しの脅しをかけて攻撃を防ぐ

説明しよう p.182　軍縮に向けて国際社会が抱える課題を説明する

例　経済発展を遂げた国々が軍事予算を増やして新兵器を開発したり，領土を巡る問題に武器を使用することで相手国を脅したりするほか，インターネットなどに対するサイバー攻撃など新たな攻撃の形がでてくるなどの課題がある。

第4部 第1章 第1節 紛争のない世界へ

CHECK!
確認したら✓を書こう

教科書
183
〜184
ページ

⑥ グローバル化が進む国際社会

ポイント 近年は，発展途上国から経済発展を遂げた新興国が生まれるなど豊かな国が増えたが，南北問題や南南問題といった格差は依然残っている。また，ポピュリズムの動きなどは国際協調に影響を与えている。

教科書ナビ

●183ページ 3行め
アメリカや日本のように工業化の進んだ豊かな地域（先進国）だけでなく，かつて発展途上国とよばれていた国々から，大きく経済発展を遂げた新興国が生まれました。

●183ページ 8行め
先進国と発展途上国の格差を南北問題といいますが，発展途上国の間にも格差が広がっており，南南問題とよばれます。

●184ページ 1行め
先進国はG7の枠組みなどを通じて世界の政治や経済をリードしてきました。しかし，（…）G20など新しい枠組みも重要になっています。

徹底解説

【発展途上国】
一人あたりの国民総所得（GNI）が低く，一次産業に依存するなど経済的に発展途上にある国のことをいう。また，政府開発援助（ODA）を受け取っている国も発展途上国に分類される。近年では，発展途上国の間にも格差が広がり，経済成長が進む国と先発開発途上国とよび，１人あたりの所得水準のほか，識字率や工業化率などが極めて低い国を後発開発途上国とよんでいる。

【新興国】
先進国に比べると経済や政治などの水準が低いが，発展途上国から急激に成長しつつある国のことをいい，その多くが燃料や食料などの輸出率が高い国である。近年では，ブラジル・ロシア・インド・中国，南アフリカ共和国のそれぞれの国名の頭文字をとったBRICSや東南アジア，中東などが代表的である。新興国の急激な成長の背景には，経済のグローバル化による貿易や投資の拡大があげられる。

【南北問題】
アメリカや日本のように工業化が進んだ豊かな先進国と，南アジアやアフリカの国々のように貧しい発展途上国との経済格差のこと。先進国が北半球に多く，発展途上国が南半球に多いことから，南北問題とよばれる。

【南南問題】
発展途上国の間における，資源を保有している国や工業化を進めている国などと，それ以外の貧しい国との経済格差の問題のこと。

【G7・G20】
G7とは，アメリカ，イギリス，イタリア，カナダ，ドイツ，日本，フランスの主要7か国の首脳とEUの首脳が集まり，世界の政治状況や経済状況について話し合う枠組みのこと。

G20とは，G7の7か国のほかに，ロシア，中国，ブラジル，EUなどの13か国・地域を加え，これらの国・地域の首脳が集まって国際社会の課題について話し合う枠組みのこと。

第4部 第1章 第1節

161

◯**184ページ 8行め** ……
グローバル化を推進してきた（…），最近の**ポピュリズム**です。

🔍〔ポピュリズム〕
政治について理性的に判断できる知的な人々ではなく，情緒や感情によって判断する人々こそ重視し，尊重すべきだとする政治思想のことをいう。情緒や感情によって判断する人々を大衆とよび，彼らの欲求不満や不安をあおることで指導者への支持につなげる手法をとることが多く，その過程で問題を単純化したり，議論を避けたりするため，政治が悪くなる。近年では，グローバル化によって自国の社会が変質することを恐れた人々の感情と結び付いて，排外主義の政権が誕生するなどの問題が起きている。

◯**184ページ 15行め** ……
また国民投票で**ヨーロッパ連合（EU）**から離脱したイギリスや，（…）。

🔍〔ヨーロッパ連合（EU）〕
EUとは，前身となるヨーロッパ共同体（EC）をもとに発足した，外交や安全保障，経済などの統合を実現するための地域機構。1993年発効のマーストリヒト条約に基づいて発足した。本部はベルギーのブリュッセルにある。ECの6か国から始まり，現在は27か国が加盟している（2020年）。近年では，イギリスのEU離脱や加盟国の一部によるシリア難民の受け入れ拒否など，国際協力の体制にポピュリズムの影響が見られる。

◯**184ページ 18行め** ……
しかし多くの国は，**地域機構**や国際機関を通じて，（…）。

🔍〔地域機構〕
地域機構とは，その地域の国々で政治や経済の協力を推進する組織のこと。代表的な地域機構には，ASEAN（東南アジア諸国連合）やヨーロッパ連合（EU）がある。

教科書の 答え をズバリ！

資料活用 p.183 **スラム街にはどのような人々が暮らしているか**

例 貧しい人々

資料活用 p.184 **日本とほかの国の，1人あたりのGNIを比べる**

例 日本やアメリカ，ヨーロッパ諸国では1人あたりのGNIが10000ドル以上だが，中国やカンボジアなどのアジア諸国やアフリカ諸国では1人あたりのGNIが低い。

確認しよう p.184 **南北問題と南南問題とはどのような問題か本文から書き出す**

先進国と発展途上国の格差を南北問題といいますが，発展途上国の間にも格差が広がっており，南南問題とよばれる。

説明しよう p.184 **国際社会における格差の現状と影響を説明する**

例 先進国と発展途上国の間の格差のほか，発展途上国の間にも格差が広がっている。そのため，仕事を求めて先進国へ移民や難民が流入したり，先進国よりも安い賃金で仕事を請け負ったりすることで先進国の給与が低くなるので，自国の社会の変質を恐れる人たちが排外主義を訴えるといった影響が見られる。

⑦ 国際社会における日本の役割

ポイント 戦後日本の外交方針は平和主義と国際協調であった。アメリカと日米安全保障条約を結び，関係を強めることで国際社会を維持し，世界に対して経済的援助や技術援助などの平和的な国際貢献に努めてきた。

教科書ナビ

●185ページ 6行め

アジアにおいても，**東南アジア諸国連合（ASEAN）**との協力（…），さらに**アジア太平洋経済協力（APEC）**の推進を通じて，日本は地域の結び付きを強める**地域主義**に積極的に参加してきました。

徹底解説

🔍【東南アジア諸国連合（ASEAN）】

東南アジア諸国連合（ASEAN）は，東南アジアを中心とした域内の経済発展，交流の促進，問題の解決を目的として，1967年に設立された。設立当初の加盟国は，インドネシア，マレーシア，フィリピン，シンガポール，タイの5か国だったが，現在は10か国が加盟している（2019年）。

🔍【アジア太平洋経済協力（APEC）】

アジア太平洋地域での自由貿易や経済協力を推進し，持続可能な経済成長や生活水準の向上などを目的として設立された機関のこと。アメリカ・インドネシア・オーストラリア・カナダ・シンガポール・タイ・日本・韓国・マレーシアなどの12か国によって創設され，台湾・チリ・中国・香港・ベトナム・メキシコ・ロシアなどを加えた21か国・地域が参加している。本部はシンガポールに置かれ，首脳会議及び財務大臣や外務大臣が参加する閣僚会議を年に1回開催している。Asian Pacific Economic Cooperation の頭文字からAPECともよばれる。

🔍【地域主義】

国を越えて地域の複数の国でまとまろうとする動きのこと。グローバル化が進むなかで，経済的，政治的な力を強めるために行われている。この地域主義の成果が，ヨーロッパ連合（EU）や東南アジア諸国連合（ASEAN）のような地域機構の誕生である。

●185ページ 15行め

日本は，アメリカと**日米安全保障条約**を結び，（…）。

🔍【日米安全保障条約】

1951年，サンフランシスコ条約と同時に日米間で結ばれた条約。この条約を軸にした日本とアメリカの同盟関係を日米安全保障体制（安保体制）という。日本は平和主義と非核三原則を維持し，自衛隊などの必要最低限の戦力を保持する政策を採っているため，自国だけでは他国などからの脅威に対処できないとして，冷戦後もアメリカとの関係を強化している。

◯**186ページ**
公民プラス＋沖縄の
基地問題

〔沖縄の基地問題〕

日本にあるアメリカ軍専用施設の総面積の約7割が沖縄県を占めている。沖縄県に基地が集中する背景には，朝鮮戦争の時に太平洋地域の平和を維持するために重要な地点とされたことなどがある。返還を求める理由として，住宅地などの騒音被害のほかに米軍機の事故の問題があり，2004年から2018年の間に墜落事故が9件，部品などの落下や緊急着陸などの関連事故を含めれば，15年間で500件以上発生している。

◯**186ページ 7行め**
日本はいち早く成長した国として，政府開発援助（ODA）や青年海外協力隊の派遣などを通じて（…）。

〔青年海外協力隊〕

日本国籍を持つ20歳から39歳の青年を発展途上国に派遣し，みずからが持っている技術や知識を指導することで地域の発展に協力するJICA（国際協力機構）の事業のこと。農業や医療，教育，スポーツなど約150職種に携わる人々が参加している。1965年の発足以来，80か国以上に派遣されており，1990年からは専門的な技術を持つ40歳以上の技術者による「シニア海外ボランティア」も派遣されている。

教科書の 答え をズバリ！

資料活用 p.185 2枚の写真の車体表示の違いにどんな意味の違いがあるか

例　左の写真は日本国内のイラク復興支援特別措置法に基づいて派遣された自衛隊なので，日本の国旗が表示されている。一方，右の写真は国連のPKO活動で派遣された自衛隊の部隊なので，UNと表示されている。

資料活用 p.186 アメリカ軍専用施設の沖縄と他都県の割合を比べる

例　日本にあるアメリカ軍専用施設の7割を沖縄が占めていて，他の都県は1割にも満たない。

確認しよう p.186 戦後日本の外交方針を本文から書き出す

国際協調を重視する日本の外交方針は，G7の一員として，また国連での活動やアジア各国との協力を通じて，国際社会が抱える課題にリーダーシップをとるというものです。

説明しよう p.186 日本が国際社会の平和構築のためにできることを説明する

例　発展途上国や紛争国への政府開発援助のほか青年海外協力隊や国際部隊へ自衛隊を派遣したり，災害発生時に国際緊急援助隊を派遣したりする。

振り返ろう p.186 「紛争」「平和」という言葉を用いて国際協調が必要な理由を説明する

例　**紛争**を生じさせるさまざまな課題を解決し，国際社会の**平和**を維持するために各国の国際協調が必要となる。

日本は難民をどう支援していくべきか？

〜国際協調について考える〜

❶ 日本における難民受け入れの現状〜状況の確認〜

やってみよう1 p.187 日本における難民受け入れの現状はどうなっているか

日本の難民受け入れの現状

難民申請者数…シリア内戦が始まった2011年から年々増加し，2017年の申請者数は約2万人となった。その後，申請者数は減少し，2018年，2019年は1万人に止まっている。

難民認定数…認定数の増減は年によるが，2017年は約20人，2019年は約40人ほどである。

難民認定率…2010年より年々減少しており，1%を下回ることが続いている。

資料6と比較して考える

例　難民条約における「難民」認定された人数は1994万人，自国から逃れて他国の避難所に行って，その国で保護を求める庇護申請者が309万人である。2017年，日本で難民申請をした人は約2万人だが，実際に難民と認定された人は約20人で，圧倒的に少なく，世界全体の難民の人数から考えると，日本はほとんど受け入れをしていないことがわかる。

---

❸ 難民をどう支援していくべきか考えよう〜協調の見方・考え方を用いて〜

やってみよう2 p.188 1．難民の支援について考える

難民支援を巡るさまざまな意見　例

難民受け入れに積極的な意見

• 相手の立場に立って考えると，受け入れるべき。

• 諸外国と比較すると低い水準だから。

• 国際社会と協調するべきだから。

難民受け入れに消極的な意見

• 受け入れよりも国際機関への資金援助を優先すべき。

• 日本では文化や言語が違うので，近い国が受け入れたほうが難民も暮らしやすい。

あなたの考え　例

　日本は先進国のなかでも難民の認定数が少なく，国際協調や難民の人権を保障することを考えると，広く受け入れるべきである。しかし，ただ保護するだけでは難民が自分で生活する力を持てないため，日本で受け入れるためには，教育や仕事などの整備を優先させたり，難民が発生する地域で活動している国際機関やNGOに対して資金援助をしたりすることも必要である。

① 貧困問題とその解消

ポイント 世界の人口が急増し，約9人に1人が貧困状態にある。食料が先進国に偏っているため飢餓状態の人が多く，水不足も懸念されている。国連などの国際機関は貧困解消のためにさまざまな取り組みをしている。

教科書ナビ

○ **189ページ 6行め** …
（…）人口の増加に（…）**貧困**状態にあります（2017年）。

○ **189ページ 16行め** …
こうした食料の配分は，（…）**食品ロス**が問題になっています。

○ **190ページ 13行め** …
（…）貧困を解消するために，（…）**政府開発援助（ODA）** が行われています。

○ **190ページ 17行め** …
（…）発展途上国産の（…）**フェアトレード**や，社会的に弱い立場（…）**マイクロクレジット**などが行われています。

徹底解説

〔貧困〕
国連開発計画（UNDP）の定義では，「教育，仕事，食料，保健医療，飲料水，住居，エネルギーなど最も基本的な物・サービスが手に入れられない状態のこと」を貧困という。

〔食品ロス〕
本来は食べることができるが，捨てられてしまう食品のこと。

〔政府開発援助（ODA）〕
先進国の政府が発展途上国に対して，資金援助や技術協力などをして社会資本を整備したり，経済の開発を支援したりすること。ODAともよばれている。

〔フェアトレード〕
安く買いたたかれる傾向にあった発展途上国の農産物や製品などを，適正な価格で生産者から直接購入して先進国で販売するしくみのこと。

〔マイクロクレジット〕
貧困など社会的に弱い立場の人々など一般の銀行からの融資を受けられない人を対象に少額の資金を融資する制度のこと。

教科書の\答え/をズバリ!

資料活用 p.189 世界にこのような子どもがいるのはなぜか

例 世界の国や地域の間に大きな経済格差が存在し，貧困状態から抜け出せない人々が多いから。

資料活用 p.190 栄養不足人口の割合が高い国はどの地域に集中しているか

例 アフリカや南アジア地域に集中している。

資料活用 p.190 政府開発援助の支出金が上位なのはどのような国か

例 先進国とされる国々

確認しよう p.190 貧困とはどのような状態か，本文から書き出す

お金がないことから，生きるために必要な食料や水が十分得られなかったり，電気が使えなかったり，医療や教育を受けられなかったりする人

説明しよう p.190 貧困を解消するためにどのような国際協調が必要か説明する

例 先進国を中心とした資金や技術の提供や，民間団体による自立した生活を送るための支援などが貧困の解消に必要である。

② 地球規模で広がる環境問題

CHECK! ⊙⊙
確認したら✓を書こう

ポイント 人々の経済活動が拡大したことで地球温暖化などの地球環境問題が発生している。地球温暖化防止への国際的な取り組みでは，先進国や発展途上国を問わずに協調する新たな枠組みのパリ協定が採択された。

教科書ナビ

●191ページ 1行め
人々の（…），今日では**地球温暖化**，（…）。

●191ページ 4行め
これらの問題は，（…），**地球環境問題**ともよばれます。

●191ページ 13行め
1997年の（…）**京都議定書**では，（…）**温室効果ガス**の削減目標が，（…）。

●192ページ 8行め
こうした対立が続きましたが，（…）**パリ協定**が採択されました。

徹底解説

Q【地球温暖化】
地球温暖化とは，地球表面の大気や海水の温度が上昇する現象のこと。主な原因は，二酸化炭素やフロンガスといった温室効果ガスが増加することで，太陽光の熱が地球内にとどまるためである。

Q【地球環境問題】
環境問題のなかでも，特に国境を越えた地球全体の規模の問題のこと。

Q【京都議定書】
1997年第3回気候変動枠組条約締約国会議（COP3）で採択された，先進国の温室効果ガスの削減量を初めて数値目標として定めた議定書。発展途上国には削減義務がなかったなど問題があった。

Q【温室効果ガス】
温室効果ガスとは，太陽からの熱が地表からはね返ったとき，地球の外に放出されるのをさまたげるガスのこと。

Q【パリ協定】
2020年以降の気候変動問題対策についての国際的な枠組みを定めた協定のこと。先進国や発展途上国など関係なく，すべての国が参加し，この協定で世界の平均気温の上昇を産業革命前と比べて2度未満に抑えることを目標とした。

教科書の 答え をズバリ!

資料活用 p.191 何が原因で環境問題が起こっているのか

例 人々の経済活動の規模や範囲が拡大したことが原因となって環境問題が起きている。

資料活用 p.192 教科書の資料8と資料9の上位の国との違いに着目する

例 資料8の「国・地域別二酸化炭素排出量」では中国やアメリカ，EU加盟国などが上位を占めているが，資料9の「主な国と地域の1人あたりの二酸化炭素排出量」では人口が多い中国やEU加盟国は上位から外れている。

確認しよう p.192 近年の地球温暖化防止への国際的な取り決めの内容を本文から書き出す

先進国，発展途上国を問わずすべての国が参加し，協調して取り組む新たな枠組みであるパリ協定が採択された。

説明しよう p.192 地球環境問題の解決に向けて今後必要な国際協調は何か

例 先進国が発展途上国に対して，環境に優しい技術を伝える。

③ 資源・エネルギー問題

> **ポイント** エネルギー消費量が増えると資源が枯渇する懸念があり，省資源・省エネルギーの取り組みが必要となる。近年では原子力のほか，二酸化炭素排出量が少ない<u>再生可能エネルギー</u>も注目されている。

教科書ナビ

● 193ページ 1行め
石油などの**化石燃料**は，（…）。

● 193ページ
⑤世界のエネルギー消費量の推移

● 193ページ 9行め
3R（リデュース，リユース，リサイクル）の推進などを通じて，（…）。

徹底解説

🔍 **〔化石燃料〕**
化石燃料とは，大昔の動物や植物が地下で長い年月をかけて，圧力や熱を受けて変化してできた燃料のこと。石炭，石油，天然ガスなどがある。現在，世界で使われているエネルギーの大部分が化石燃料であるが，埋蔵量には限りがあることや，燃やしたときに二酸化炭素などの温室効果ガスを出すなどの問題がある。

🔍 **〔世界のエネルギー消費量の推移〕**
世界では，経済活動が盛んになったこと，人口が増加傾向にあること，電気製品や自動車が普及してきていることなどを背景にエネルギー消費量は多くなっている。しかし，資源の将来的な枯渇が懸念されており，石油や天然ガスは今後約50年，ウランは約100年，石炭は約130年採掘が可能とされている。

🔍 **〔3R〕**
リデュース（Reduce），リユース（Reuse），リサイクル（Recycle）の三つの取り組みを合わせて3Rという。エネルギー消費量や二酸化炭素の排出量を抑えるために必要な取り組みである。

🔍 **〔リデュース〕**
リデュースとは，使い捨ての商品を買わない，エコバッグを使う，などしてむだな消費を減らすことをいう。日本では，2020年7月より全国でレジ袋を有料化するなどの取り組みが行われている。

🔍 **〔リユース〕**
リユースとは，一度使ったものを回収して，もう一度使用すること。一升瓶やビール瓶などを回収して洗浄し，もう一度利用するリターナブル瓶などが代表例である。

🔍 **〔リサイクル〕**
リサイクルとは，一度，製品化されたものを資源にもどして，新たな製品の原料に再び利用すること。日本の古紙，ガラス瓶などのリサイクル率は，先進国のなかでも比較的高い。

◉**194ページ 1行め** ……

原子力エネルギーによる**原子力発電**は，（…）。

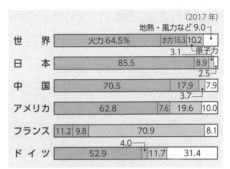

〔原子力発電〕

原子力発電とは，核分裂で放出されるエネルギーを利用した発電方法。少ない燃料で大きな発電ができる。温室効果ガスの発生が少ないなどの利点があるが，放射性廃棄物の処理や事故が起きたときの対応の難しさなどの問題もある。1986年のチェルノブイリ原子力発電所の事故や2011年の福島第一原子力発電所の事故では周辺に甚大な被害を及ぼした。

			(2017年) 地熱・風力など 9.0	
世　界	火力 64.5%	水力16.3	10.2	
			3.1 原子力	
日　本	85.5		8.9	
			2.5	
中　国	70.5	17.9	7.9	
		3.7		
アメリカ	62.8	7.6	19.6	10.0
フランス	11.2 9.8	70.9	8.1	
	4.0			
ドイツ	52.9	11.7	31.4	

▲主な国の発電量の割合

(WORLD ENERGY STATISTICS 2019, ほか)

◉**194ページ 12行め** ……

近年では，枯渇せず，（…），**再生可能エネルギー**による発電が注目されています。

〔再生可能エネルギー〕

再生可能エネルギーとは，太陽光，風力，水力，地熱，バイオマスなど，自然の営みから得られるエネルギーのこと。化石燃料などとは違い，自然の活動によってエネルギーが絶えず供給されるのでこうよばれる。地球環境への負荷は少ないが，発電効率が悪いなどの問題がある。

教科書の\答え/をズバリ!

資料活用 p.193 　**太陽光，風力，水力，地熱によるエネルギーの特徴**

例　二酸化炭素の排出量が少なく，将来的に枯渇しないが，発電費用が高く，自然状況によって発電量が左右されるため供給が不安定である。また，設置できる場所が限られている。

資料活用 p.193 　**エネルギー消費量が一番増えているのはどの地域か**

例　アジア大洋州地域が一番増えている。

確認しよう p.194 　**再生可能エネルギーの利点と課題を本文から書き出す**

利点…枯渇せず，二酸化炭素の排出量が少ない

課題…発電費用が高い，自然状況に左右されるため電力供給が不安定である，設置できる場所が限られる

説明しよう p.194 　**省資源・省エネルギーのために求められている取り組みを説明する**

例　３Rを推進し，資源やエネルギーを効率的に利用し，その消費量を抑える取り組みが求められている。

第4部 第1章 第2節 貧困解消と環境保全

CHECK!
確認したら✓を書こう

❹ 国際社会のよりよい発展

ポイント 世界の諸課題の解決には「持続可能な社会」の実現が求められる。そのため国連は持続可能な開発目標を世界共通の目標とした。多岐にわたる目標を達成するため，さまざまな立場からの協調が重要である。

教科書ナビ

◯195ページ 7行め
2015年に国連で，**持続可能な開発目標（SDGs）**が採択されました。

◯195ページ 13行め
日本は国際協調の理念として，（…）「**人間の安全保障**」の推進を（…）。

◯195ページ 16行め
SDGsは（…），**非政府組織（NGO）**，民間企業などさまざまな立場から（…）。

徹底解説

🔍 **【持続可能な開発目標（SDGs）】**
世界の諸課題を解消し，あらゆる人が平和に過ごして豊かさの恩恵を受けることを目指すための行動目標のこと。人間の安全保障の理念を反映し，すべての国が行動することを求めている。

🔍 **【人間の安全保障】**
人間の安全保障とは，紛争，貧困，環境破壊などの世界中の人々が直面する問題に対して，個々の人間の安全を保障するべきという考え方。

🔍 **【非政府組織（NGO）】**
発展途上国の開発援助，人権保護，環境保護などの公益的な活動を自主・自発的に行う，営利を目的としていない政府以外の団体で，特に，国際的に活動している団体をNGOとよぶ。近年では国連の議論に参加することも増え，国際協調の実現に大きく関わっている。

教科書の答えをズバリ！

資料活用 p.195 あなたがSDGsの中で一番取り組みたい目標とその理由

例 「人や国の不平等をなくそう」という目標に取り組みたい。なぜなら，人や国の不平等は紛争などの原因となるので，国際社会の平和を維持するために必要な目標であるから。

確認しよう p.196 SDGsが採択された背景を本文から書き出す

世界には貧困や紛争，地球環境問題など，さまざまな課題がある。こうした諸課題に取り組み，将来の世代を含むすべての人々が質の高い生活を維持できるようにすることで，社会の持続可能性を高めていくこと，つまり「持続可能な社会」の実現が求められている。

説明しよう p.196 SDGsを達成して「持続可能な社会」を実現するために自分ができることを，現在と将来に分けて説明する

例 現在：限りある資源をむだにせず効率よく使うために，3Rを心がける。

将来：発展途上国に質の高い教育を受けさせるため，青年海外協力隊などに参加する。

振り返ろう p.196 「持続可能性」という言葉を用いて地球規模の社会的課題を解決するために求められる国際協調を説明する

例 地球規模の社会的諸課題を解決し，**持続可能性**を高めるために，すべての国が持続可能な開発目標に取り組み，各国の政府だけではなく非政府組織や民間企業などさまざまな立場から協調していくことが求められている。

よりよい社会を目指して

CHECK!
確認したら✓を書こう

地球環境問題，資源・エネルギー問題の解決に向けて

〜「持続可能な社会」の実現に向けた地方公共団体の取り組み〜

学習課題 私たちの身近な地方公共団体が，「持続可能な社会」の実現に向けてどのような取り組みをしているのか

● **A 新たなエネルギー社会に向けた取り組み（福島県）**
- 福島新エネ社会構想（福島県）…県全体で再生可能エネルギーの導入を拡大し，エネルギー分野から震災復興を後押ししている。
- スマートコミュニティの構築（相馬市など）…情報通信技術を活用して二酸化炭素を排出しない水素エネルギーや再生可能エネルギーを地域で有効活用している。郡山市では再生可能エネルギーから水素を作り，製造過程から二酸化炭素を出さないしくみの実現を目指している。

● **B 多摩川流域での環境への取り組み（東京都・神奈川県）**
- 多摩川流域の環境改善…1970年代以降，急激な都市化による水質悪化が問題となったため，排水規制や下水道の整備，住民の清掃活動などで多摩川の環境を守っている。

● **C 「SDGs未来都市」を目指して（神奈川県横浜市）**
- 「SDGs未来都市」…横浜市は「環境を軸に，経済や文化芸術による新たな価値を創出し続ける都市」を目指している。そのため，自動車の利用を減らすことを目的とした次世代コミュニティサイクルの導入や壁面緑化などで魅力のある空間づくりを行う「まちかどの緑」プロジェクトなどに取り組んでいる。

● **D エコアイランドに向けた取り組み（沖縄県宮古島市）**
- エコアイランド宮古島宣言…島の環境を守り，資源を大切に使うことで末永く住み続けることができる豊かな島を目指し，公用車に電気自動車を導入したり，地下水をくみ上げる際の電力消費量を削減する目的で地下ダムを設置したりしている。

深めよう

● **身近なまちが重視している，環境や資源・エネルギーへの取り組み**
例 村の山林と共生する再生可能エネルギー（岡山県西粟倉村）
- 岡山県西粟倉村は豊かな森林に囲まれた村で，林業が村の主要産業である。
- 森林の手入れをしたときにでる木材を熱エネルギーとして利用しようとしている。
- 村の温泉施設などでこの熱エネルギーを利用することで，二酸化炭素の排出を抑えている。

● **「持続可能な社会」の実現のために，自分・地方公共団体・国に必要なこと**
- 自分…例 むだにエネルギーを消費しないように，節電する。
- 地方公共団体…例 地域に合った再生可能エネルギーを導入する。
- 国…例 環境に優しい技術を発展途上国に伝える。

章の学習を振り返ろう

CHECK!

確認したら✓を書こ

国際社会

❶学んだことを確かめよう

A ① 主権 ② 排他的経済水域（EEZ） ③ 北方領土 ④ PKO

⑤ 安全保障理事会 ⑥ テロリズム ⑦ 核抑止 ⑧ 南北問題

⑨ 食品ロス ⑩ フェアトレード ⑪ パリ協定

⑫ 再生可能エネルギー ⑬ SDGs ⑭ NGO

B ① 総会 ② 安全保障理事会 ③ 国際司法裁判所 ④ UNICEF

⑤ IAEA ⑥ WTO ⑦ UNESCO ⑧ WHO

「学習の前に」を振り返ろう

① 例 B国では学校に通わず，農園で働く子どもたちがいること。

② 例 1貧困をなくそう，4質の高い教育をみんなに，10人や国の不平等をなくそう

③ 例 子どもたちが働かなくてもいいように，農園での仕事を効率的にできるような技術
を教えることで生産を増やして貧困をなくし，子どもたちが質の高い教育を受けられ
るように青年海外協力隊などのボランティアを派遣して，子どもたちや先生を指導す
る。

❷見方・考え方を働かせて考えよう

ステップ1①

世界平和と人類の福祉の増大を実現するために国際社会ができること

・国と国がお互いを尊重して，国際社会のルールを守って信頼関係を築く。

・国際連合の役割を重視して，活動に協力する。

・発展途上国の貧困をなくすために，必要な資金を援助する。

・各国が協調して核兵器の廃絶などの軍縮をすすめる。

・貧困問題を抱える人たちに食品がまわるように，先進国の食品ロスをなくす。

・地球環境問題は飢餓や貧困につながる可能性があるため，先進国は発展途上国に環境に優
しい技術を伝えて，お互いに温室効果ガスの削減などに取り組む。

・温室効果ガスを削減するために，地球環境に優しい再生可能エネルギーを普及させる。

・持続可能な開発目標を達成させる取り組みを強化する。

ステップ1②

私が考える特に国際社会ができること

例　発展途上国の貧困をなくすために，必要な資金を援助する。

根拠となるページ

p.179，p.183 〜 p.186

理由

例　先進国が発展途上国に対して資金を援助することで貧困をなくし，新たな紛争が発生するのを防ぐため。

ステップ2②

自分の考えに足りなかった事柄や見方・考え方

例　発展途上国の持続可能性

　発展途上国に資金を援助することも必要だが，その国がこの先自分たちで発展していくためには，単純な資金援助だけではなく，先進国の技術を伝えたり，人材の育成のための教育支援や社会資本を整備したりすることも大切である。

ステップ3

世界平和と人類の福祉の増大を実現するために国際社会にできることは何か説明してみよう。

　世界平和と人類の福祉の増大を実現するために，**国際社会は**（例　発展途上国に対して資金援助のほか，技術の援助をする）**ことができる。なぜなら，**（例　資金援助で社会資本を整備したり，貧困をなくしたりしたとしても持続可能な社会になったとはいえないので，先進国が持つ技術を伝えることで，発展途上国が独自で発展していけるようにすることが大切だ）**からである。**

第4部2章への準備

①　例　国連はPKO活動で紛争などの国際的な課題に介入することで貢献し，地域機構や政府は政府開発援助などの資金援助のほか技術援助を行うことで貢献することが求められる。また，NGOは政府や国連と連携して，現地の生活に根ざした協力をすることで貢献し，私たちはボランティア活動や持続可能な開発目標を意識した行動をとることで貢献することが求められている。

②　例　国際社会からの援助がなくなった後でも，独自で発展できるような技術の援助が必要である。

CHECK!

確認したら✓を書こ

一問一答ポイントチェック

答え

第1節 p.173〜188 紛争のない世界へ	

❶国内の政治問題はそれぞれの国家の意思によって決められるべきで，他国が干渉してはならないということを何というか？

❷国の主権が及ぶ範囲は，領土と領空のほかは何か？

❸国と国の関係を定めたルールのことを何というか？

❹1952年から韓国によって不法に占拠されている，島根県隠岐の島町に属する島を何というか？

❺1970年代以降，中国が領有権を主張している，沖縄県石垣市に属する島を何というか？

❻安全保障理事会の常任理事国が持っている，決議に反対することができる権利を何というか？

❼主に政治的な弾圧や戦争などのために住む土地を奪われた人々のことを何というか？

❽核保有国以外の核兵器の拡散防止，加盟国の核軍縮交渉の義務などを目的とした条約をアルファベット3文字で何というか？

❾兵器や兵隊，軍事基地などの軍備を縮小・削減したり，廃絶したりすることを何というか？

❿発展途上国の間で広がっている経済格差の問題のことを何というか？

⓫国を越えて地域の複数の国でまとまろうとする動きのことを何というか？

❶内政不干渉

❷領海

❸国際法

❹竹島

❺尖閣諸島

❻拒否権

❼難民

❽ＮＰＴ

❾軍縮

❿南南問題

⓫地域主義

第2節 p.189〜202 貧困解消と環境保全	

⓬政府開発援助のことをアルファベット3文字で何というか？

⓭環境問題のなかでも，特に国境を越えた地球全体の規模の問題のことを何というか？

⓮太陽からの熱が地表からはね返ったとき，地球の外に放出されるのをさまたげるガスのことを何というか？

⓯大昔の動物や植物が地下で長い年月をかけて，圧力や熱を受けて変化してできた燃料のことを何というか？

⓰リデュース（Reduce），リユース（Reuse），リサイクル（Recycle）の三つの取り組みを合わせて何というか？

⓱紛争，暴力，貧困，環境破壊，病気などの世界中の人々が直面する問題に対して，個々の人間の安全を保障するべきだという考え方のことを何というか？

⓬ＯＤＡ

⓭地球環境問題

⓮温室効果ガス

⓯化石燃料

⓰3Ｒ

⓱人間の安全保障

① 持続可能な社会を目指して

ポイント 世界のさまざまな課題に対して，現在の世代である私たちは将来の世代に負担を先送りするのではなく，課題解決にあたって世代間の格差がないようにして，「持続可能な社会」の実現に取り組む必要がある。

教科書ナビ

徹底解説

●203ページ 9行め
（…）将来の世代が必要とするものを損なうことなく（…）

〔将来の世代〕

今を生きている人々を現在の世代というのに対して，これから生まれる子どもたちの世代を将来の世代という。現代でみられる，貧困や紛争，環境や資源などの課題は，現在の世代から引き継がれていくことが予想されている。そこで，現在の世代には，満足に生活をしつつ，将来の世代にとって必要な資源や環境などが損なわれることがない社会をつくるという視点が重要とされている。

●203ページ 11行め
（…）つまり「持続可能な社会」をつくるという視点が大切です。

〔持続可能な社会〕

持続可能な社会とは，1992年の「環境と開発に関する国連会議」（地球サミット）の中心的な考え方で，「環境的にみて健全で維持が将来も可能である発展」という意味である。人権の保護，社会保障，経済の発展などあらゆる人間の活動や社会のしくみにおいて，将来も豊かに快適に暮らしていける社会を実現する必要がある。

●203ページ 15行め
地理的分野，歴史的分野（…）学習してきた内容や見方・考え方を踏まえながら（…）

〔見方・考え方〕

どのような視点で物事を読み取るか，どのような考え方で思考するかということ。地理的分野では，地域の環境やほかの地域との結び付きなどと物事を関連付けること，歴史的分野では，時間的な推移に着目して違いや類似点などを明らかにして物事同士の因果関係を関連付けること，公民的分野では政治や法律，経済などの視点で課題解決のための選択や判断のためになる考えなどと関連付けることが当てはまる。

教科書の 答え をズバリ！

資料活用 p.203 豊かな自然を将来の世代に残していくために何ができるか。

例 生き物が住みにくい環境にしないように，ごみをポイ捨てしないようにしたり，3Rを心がけて環境への負荷を増やさないようにしたりする。

レポート作成の手順

「持続可能な社会」の形成という視点から，解決すべき課題は何か

1 課題を決めよう（課題の設定）

　レポートを書くためには，まず課題の設定が必要である。これまで学習してきた内容などをもとにキーワードを1つ決めて，それに関連する事柄をつなげ，くもの巣のように連想を広げる。このような分析方法をウェビングマップといい，自分の関心と重なる事柄を整理して課題を具体化することができる。そして，調べる課題について「何が問題なのか？」「なぜ調べるのか？」を書き出して整理する。このときに，これまで学習してきた内容や見方・考え方，設定した課題と「持続可能な社会」の形成との関連について確認する。そして，設定した課題に対してまずは自分で予想や解決策を考えてみる。そのときに，それを証明するために必要な資料も考えるようにしよう。

2 資料を集めよう（資料の収集と読み取り）

　課題探究の調査を行う前に，調べる課題や解決策などと共に，調査に必要な資料や手続きを計画書にまとめるようにする。資料の調査にあたっては，公民だけではなく，歴史や地理などの内容も振り返り，教科書やノート，資料集などにもあたり，活用できるグラフや写真がないか調べる。教科書やこれまでの学習した内容で調べきれなかったことについては，図書館などを利用して新聞や書籍などで専門家の分析や主張から情報を得たり，インターネットを使ったりして最新の統計やニュースから情報を集める。また，身近な人や当事者から聞き取り調査を行うことも大切な資料収集の方法である。このようにして集めた資料を整理し，自分の主張に合うものと合わないものに分類していく。このときに，資料がどれくらい信頼できるかも確認しておく必要がある。

3 考察しよう（考察）

　資料を基に考察を深めるため，今までに学習した見方・考え方や立場などに着目する。このとき，公民的分野の視点だけではなく，地理的分野や歴史的分野からの視点も重要である。考察した結果をまとめ，レポートの軸となる自分の意見を簡潔にまとめる。そして，ほかの人と話し合いながら調査結果や考察の内容を見直すことも必要である。

4 レポートを書こう（構想とまとめ）

　資料が整理できて，調べてわかったことや考えたことが明確になれば，レポートを作成するための構想をつくる。レポートの構想をつくるときは，キーワードを挙げて，それらを関連付けるようにする。初めに探究のテーマとテーマ設定の理由，探究の方法や取り上げたテーマの現状を書き，次に，調査の結果や事例，考察した内容や根拠などを書く。そして，最後に探究のまとめとしての自分の主張と参考資料を書く。このとき，見方・考え方を踏まえた意見を述べることで，客観的な事実に基づいたものにする。以上の点に注意して，どのように発信するかを考えた上で修正し，レポートを完成させる。